スーパーチームをつくる!

最短・最速で
目標を達成する
組織マネジメント

はじめに

試合終了のブザーが鳴る少し前から、沖縄アリーナを埋めたファンはすでに総立ちとなっていました。日本80点、カボベルデ71点。バスケットボール男子日本代表が48年ぶりとなる自力でのオリンピック出場を決めた瞬間、私は立ったまま頭の後ろで両手を組み、笑顔の選手たちの姿を目に焼き付けていました。

ともに戦ったコーチ陣と抱き合い、ようやく緊張から解き放たれました。選手一人ひとりと握手や抱擁をしながら、感謝を伝えました。日本のバスケットボールと関わりを持って30年以上になりますが、今まで味わったことのないほどの熱気でした。アリーナの雰囲気は信じられないくらい素晴らしかった。日本代表のイメージカラーである赤一色で染まった会場から、途切れることのない歓声と拍手が私たちに注がれました――。

2023年9月2日。私たちがワールドカップ最終戦で勝利した時の興奮と安堵の感情は忘れられません。「アジアの出場国で1位になってパリオリンピックの出場権を獲得する」。それは私が男子日本代表のヘッドコーチになってから選手たちと決めた目標でした。今までヨーロッパ勢に勝利したことのなかった日本は予選ラウンドで、世界ランキングではすべて格上になるドイツ、フィンランド、オーストラリアと同じグループに入りました。「死の組」といわれた困難なグループでフィンランドから歴史的な1勝を挙げ、続く順位決定ラウンドでも2連勝を飾り、何とか目標を達成することができました。

歓喜に沸くロッカールームで、私は選手たちに日本語でこう伝えました。「ヘッドコーチに就任した時から『アジア1位になること』を信じているか、とみんなに聞いてきました。みんなは『イエス』と言った。最高です。この経験を忘れないで。これからスタンダードをつくります」

高い目標を掲げ、それに対してみんながコミットする。選手たちは努力を積み重ね、特定のスター選手に頼らない「スーパーチーム」になりました。日本バスケットボールに新たな歴史を刻んだ彼らを、私は心から誇りに思っています。

ただ一方で、あの瞬間から次のチャレンジは始まっていました。約11カ月後のパリオリンピックで、ワールドカップで勝ったチームより高いレベルの相手に勝利しなければ、本当の意味で世界を驚かせることはできません。だから、このワールドカップを戦ったチームのレベルを土台にして、これからより高いスタンダードをつくっていくのだと選手たちに伝えました。

女子日本代表を率いた2021年の東京オリンピックでは、日本バスケットボール史上初となる銀メダルを獲得することができました。間違いなく歴史を変える快挙でした。しかし、私たちは金メダル獲得を目標に掲げていました。「絶対に勝つ」と信じていたアメリカに決勝で敗れた時、私はショックに打ちひしがれました。

それでも、メダルセレモニーに向かう選手たちを見て、感情は変わりました。できることをやり切った彼女たちの幸せそうな笑顔を見ていたら、金メダルを取り損ねたのではなく、銀メダルを勝ち取ったのだというマインドになったのです。

幸運にも男女の日本代表で結果を残すことができ、私の組織論やリーダーシップ、コーチングに多くの方々から関心を寄せてもらえるようになりました。複数の版元から書籍の出版依頼も届きました。その中で、今回、この本を日経ＢＰから出すことにしたのは、バスケットボールファンだけでなく、ビジネスパーソンを中心とした幅広い層に読んでもらえる内容にしたいという思いを共有できたからにほかなりません。

現役時代はトヨタ自動車で働きながら日本リーグでプレーし、そこからＮＢＡに挑戦してアトランタ・ホークスに入団することができました。引退後、バスケットボールから離れていた私に、プロコーチとしてのキャリアを与えてくれたのも日本でした。だから、日本のバスケットボール界に恩返ししたいという気持ちが強くあります。

私はバスケットボールを日本のメジャースポーツにしたい。野球やサッカーのように、子どもも大人も、男性も女性も、見て楽しみ、プレーして楽しむスポーツにできると思っています。もしパリオリンピックで私たちが今までにない成果を出すことができたら、日本のスポーツ界に大きな影響を与え、メジャースポーツへの一歩を踏み出せるはずです。

パリオリンピックの目標は、今まで日本代表が到達したことのない「8強入り」と定めました。道のりは険しいです。ワールドカップ優勝国のドイツ、オリンピック開催国で東京オリンピック銀メダルのフランス、そして世界最終予選を勝ち抜いた1カ国とのグループステージを突破するためには、当然ワールドカップ以上のパフォーマンスが必要になってきます。ただ、アスリートは高い頂を目指すからこそ、成長できるのです。私たちの「天井」はまだ高いところにあります。

この本の構成はバスケットの試合と同様に4つのクオーターに分けました。第1クオーターでは私の哲学やビジョンについて、第2クオーターでは強い組織のつくり方、第3クオーターでは進化し続けるコーチングのあり方、第4クオーターでは沖縄のワールドカップを振り返りながら私たちが逆境にどう立ち向かっていったかを紹介します。

バスケットボールのチームづくりが必ずしも、ビジネスの世界にすべて当てはまるわけではないでしょう。しかし、人間と人間の営みですから共通点も数多くあると思っています。どれだけ読者の皆さんの参考になるかはわかりませんが、私や日本代表チームの経験を通じて、昨日より今日、今日より明日と、少しずつでも成長しようと思っている皆さんの背中を押すことができれば幸いです。

よくメディアから、チームづくりやコーチングで一番大事なことは何ですかと聞かれます。私は「一番大事な」という質問があまり好きではありません。すべての練習に意味があるし、試合中のあらゆる動きにはつながりがあるからです。一番を決めることはとても難しい。

それでもあえて言うなら、「ビリーブ」という言葉に尽きます。選手を信じること、チームを信じることができなければ、より強大な相手に立ち向かうことはできません。そして互いを信じるために大切なのは、嘘をつかないことです。良いことも悪いことも、私は彼らの目を見て、正直に話します。甘い言葉で本当の気持ちをごまかして、自分が思っていることとは違う内容を伝えてしまったら、選手は決してついてきません。

そのようなことは、ビジネスリーダーにとっても当たり前のことかもしれません。ただ、私は当たり前を徹底することはとても難しいと感じています。人を自由自在に操る魔法の言葉や、チームが急に強くなる特効薬はありません。日々の地道な練習を積み重ねるしかないのです。

私のこれまでの経験や思考、そして日常で考えていることや実践していることが皆さんの成長の糧になるなら、こんなにうれしいことはありません。

それでは試合を始めましょう。ティップオフの時間です！

CONTENTS

第3クオーター 進化し続けるコーチング

合宿に呼び、自分の目で確かめる／戦略的にアドバンテージをつくる／「天井」を決めてはいけない／「マイクロマネジメント」はなじまない／「憧れるのをやめましょう」／全員が「オプション・ワン」／スター選手も特別扱いしない／何度でも思い出したい「旅」に／あえて直接的な表現を使う／現実的な目標を共有する大切さ／他競技や本から学んだこと

※本文中の選手の所属先は
２０２３－２４年シーズンのものです。

第1クオーター　チーム理念

スーパースターはいなくてもスーパーチームはつくれる

The first quarter

「私たちにはスーパースターはいないけれど、スーパーチームではあります」

2021年8月の東京オリンピック最終日。女子バスケットボール競技の決勝戦で、私たち日本代表チームは世界最強の地位に君臨するアメリカ代表チームに90対75で敗れはしたものの、日本にとって史上初の銀メダル獲得を果たしました。

試合直後、記者会見に臨んだ私は冒頭のような言葉を口にしました。金メダルを目標にしていたわけですから、もちろん悔しかった。だけど同時に、アメリカのようにスーパースターが居並ぶわけではない私たち日本の選手たちが、厳しい練習を重ねて培ったチーム力でそこまで到達したことに、とても誇りを感じていました。

そして、そこから2年。私は男子日本代表のヘッドコーチとなり、チームはワールドカップでアジアの1位となって、パリオリンピックへの出場権を獲得するという大きな仕事を完遂することができました。

ワールドカップの最後の試合を終えた翌日、私たちは開催地だった沖縄市の市役所で記者会見を行いました。メディアから様々な質問を受けたのですが、その中にはこんなものがありました。

「東京オリンピックでの女子代表のことを〝スーパーチーム〟だと言っていたが、今回の男子のチームはどうでしたか？」

それに対して私はこう返しました。

「まあまあだね」

半ば冗談を込めていましたし、実際、選手たちやメディアからは笑いが漏れました。ですが、それはあながち間違った表現でもなかったのです。

というのも、女子代表はオリンピックで銀メダル獲得という快挙を達成しましたが、男子は当初の目標だったパリオリンピック行きを手にするということはできた一方で、ワールドカップ出場32カ国中、19位となり、２次ラウンドに進むことは叶いませんでした。だからこその「まあまあ」だったのです。

しかし、私たちが目指した目標に到達した事実は動きませんし、この大会での３勝は日本がワールドカップで挙げた史上最多のものでした。歴史をつくったわけですから、男子代表もやはり「スーパー」なチームです。

ただ、男子代表チームの伸びしろはまだまだあります。その大きさは、私にもどれほどあるのかわからないほどです。

私は常々、選手たちに試合の40分間で自分たちのやりたいバスケットボールができるように口を酸っぱくして話しています。それが35分でも38分でもダメ。私たちはまだ40分間、自分たちのゲームができているわけではありません。ドイツやオーストラリアのようなチームに勝つには、細かいことをしながら40分間、戦い続けなければなりません。

選手たちはワールドカップで本当によくやってくれました。女子の日本代表のように男子にもスーパースターはいません。しかし、私のバスケットボールは1人でやるわけではない。それは渡邊雄太選手（メンフィス・グリズリーズ）というNBA（米プロバスケットボール）の選手がいても変わるわけではなく、あくまでチームとして戦うことを基本としたものです。

スーパースターがいると、他の選手たちはそのスターのプレーを待つので、迷ってしまうのです。ですが、私のチームでは誰もが迷わない。それは全員で戦うバスケットボールだからです。

「スーパーチーム」というフレーズは、ＮＢＡでも使われていますが、ＮＢＡでのそれはオールスターや殿堂入りクラスのスーパースターが３人以上集まったチームのことを指します。近年でいえば、２０００年代後半にケビン・ガーネット、ポール・ピアース、レイ・アレン、レイジョン・ロンドを擁したボストン・セルティックス、２０１０年代前半にレブロン・ジェームス、ドゥエイン・ウェイド、クリス・ボッシュのいたマイアミ・ヒート、そしてステフィン・カリー、ケビン・デュラント、クレイ・トンプソン、ドレイモンド・グリーンらのゴールデンステート・ウォリアーズなどがその代表例です。

しかし、私はスーパースターに頼ったチームづくりはしません。**私が言うスーパーチームとは特定の選手に頼ったものではなく、チーム全員が力を発揮しながら最大の成果を得るものです。**

先述した会見ではワールドカップでのＭＶＰは誰かとも問われました。私は迷うことなくこう答えました。

「全員です」

そう、私たちは「日本らしさを生かしたスーパーチーム」なのです。

誰がチームにいたか、あの選手がいればどうだったか云々は、重要なことではありません。メンバーがどうであろうと、集まって共通の目標に向かって進んでいくのならば、それがチームなのです。

「眠れるライオン」を起こせ

女子日本代表チームでは、東京オリンピックの半年前に、長く日本のトップ中のトップとして活躍してきた渡嘉敷来夢選手（ＥＮＥＯＳサンフラワーズ）、本橋菜子選手（東京羽田ヴィッキーズ）がともにヒザのケガを負ってしまい、結果的には渡嘉敷選手がオリンピックのメンバーから外れることになりました。

私たちは大会前から目標は金メダルだと公言していましたが、このことで周囲からは「大丈夫なのか」といった懐疑的な目が向けられるようになりました。

しかし、一度目標に向かうと決めたならば、そういったことを考えてはダメなのです。「ああ、あの選手がいなくなってしまった。残念だ」と頭を垂れても何の助けにもならないわけですし、やるべきことに向けて邁進しなければなりません。

詳しくは後述しますが、2023年のワールドカップを戦った男子日本代表についても、状況は大方似ていました。

この大会の前にも河村勇輝選手（横浜ビー・コルセアーズ）、ジョシュ・ホーキンソン選手（サンロッカーズ渋谷）、渡邊選手、渡邉飛勇選手（琉球ゴールデンキングス）といった故障者が多数出て、綱渡りの状況でした。四方八方から向けられる懐疑的な目をはね返さなければならず、個人的にもこれまでで最も苦労した大会となりました。

日本のアンダーカテゴリー男子代表のヘッドコーチを務めたドイツ人のトーステン・ロイブルさん（現在はチェコで同様の職に就いている）は河村選手や富永啓生選手（米ネブラスカ大学）などワールドカップで中心的活躍を見せた選手たちの、ユース年代代表時代の指揮官でした。

ロイブルさんは長年、様々な立場から日本のバスケットボールの発展に尽くされましたが、彼はこの国のバスケットボールを「眠れるライオン」だと話していたと聞きます。大きな可能性を秘めてはいるけれども、まだそれを発揮できず、眠っているだけなのだ、ということです。

私も彼と同じような思いを抱いていました。とりわけ女子代表チームには世界に伍して戦えるだけの力があると感じていました。ただ、選手たち自身が自分たちにどれだけの力があるのか、気づいていなかったのです。

私がアシスタントコーチとして参加した2016年のリオデジャネイロオリンピックで、女子代表は準々決勝でアメリカに敗れ、8位に終わりました。選手たちはその結果に満足している様子でした。

私は「なぜそんなにうれしそうなんだ?」と問いました。私自身は8位という成績が悔しかった。なぜなら、日本の実力を考えたら最低でも5位以上には行けると感じていたからです。だからこそ、私が女子代表のヘッドコーチに就任した時、高い目標を掲げたのです。

男子代表にしても同様です。選手たちは自分たちがどれだけ優れているのか、わかっていなかった。そして、私はこのチームのヘッドコーチとなって、それを変えようとしているのです。日本代表はまだ世界のトップ10に数えられているわけではありません。ですが、そこに向けて日々、励んでいるのです。

ワールドカップでその成果の一端を見せることができたと思いますが、パリオリンピックではさらに良い結果を求めていきます。流れは悪くありません。ワールドカップ後、バスケットボールへの関心は高まっていますし、これからさらに若い選手たちが出てくるはずです。日本にいる最高のアスリートたちが他の競技ではなくバスケットボールを選んでくれるはずです。ですから、これからの日本のバスケットボールはもっともっと面白くなっていくでしょう。

もっとも、以前の日本のバスケットボール選手たちが優れていなかったのかといえば、そうではありません。私が現役としてプレーしていた時代でも、素晴らしい選手、体の大きな選手はたくさんいました。インサイドでプレーするような大きな選手も昔は多かった。ただし、彼らは自分たちの能力を１００％発揮するやり方がわかっていなかった。

私は米ペンシルベニア州立大学でプレーをしていた頃、ヘッドコーチだったブルース・パークヒルさんから様々なことを事細かに教わりました。「そうしなければ成功などつかめないぞ」と言われながらの、学びの毎日でした。

そして、卒業後にポルトガルでのプレーを経て日本のリーグへ来ると、そういった細かさというものはなく、選手たちは能力があるにもかかわらず、ただ単にプレーをしているといった感じでした。

思えば、おかしな話です。というのも、日本は一般的に非常に細やかさのある文化で知られています。会社などにはとても厳格な規則があります。新幹線を走らせている人たちを見てください。彼らは「ドアがちゃんと閉まっているか、よし、大丈夫だ」といった具合で入念に確認をします。アメリカとは大違いです。

ただし、バスケットボールとなると、アメリカでは非常に細部にこだわります。その文化でプレーしてきた私としては、日本に来て「よしここで頑張っていこう」という中で、新たに学ぶべきことはほとんどなかったのです。

コーチとなって、私が教えたかったのはそういった細部です。日本のバスケットボール界を見渡しても、今はコーチたちが非常に細部にこだわる指導法をしていますし、それに伴ってチームもずっと良くなりました。総じて、日本のバスケットボールは、ユース世代なども含め、昔と比べて段違いで良くなっていると思います。

一方、アメリカは、より個人の能力が中心となっていて、バスケットボールの質は落ちていると感じます。日本の場合はヨーロッパのように、よりチームでプレーするところが強調されますから、そこには違いがあります。

「日本ならでは」の代表チーム

私が日本に来たのは1990年ですから、そこから30年以上が経っています。最初に所属したトヨタ自動車ではバスケットボールをプレーしただけでなく、昼間は海外マーケティング部で英語の社内報のようなものをつくる仕事もしましたし、外国から訪れるディーラーの人たちなどに対して、日本人のやり方やマインドについて説明する役割なども担っていました。

妻が日本人だということもありますし、日本語の習得も含めて、この国の社会のことや国民性なども時間が経つにつれてより深くわかってきました。

話は若干、脱線しますが、私は大学を卒業して目指していたNBA入りが叶わず、ポルトガル・プロリーグのスポルティングというチームでプレーをしていました。ところが、そこではバスケットボール以外の時間もかなり多く、私は暇を持て余していました。その後、日本へ来ることとなった私は代理人に「バスケットボールだけではなく仕事もしたい」という意向を伝えました。それで、トヨタでは昼間の仕事もすることとなったわけです。

自分が望んだこととはいえ、トヨタ時代は本当に業務とバスケットボールの両方で日々、忙殺されました。私は当時、東京・調布市に住んでいて、朝はまずそこから飯田橋までの電車通勤。そして、仕事が終わると再び電車でチームの体育館のあった府中に向かいます。練習が終わってようやく帰宅の途に就くわけですが、家に戻るのは夜の9時から9時半くらい。疲れていることもあって、ピザを注文して夕食を済ますことも少なくありませんでした。そんな毎日を4年間、続けたのです。

正直言って、かなり大変な4年間ではありましたが、おかげでアメリカとはかなり違ったこの国のことをずいぶんと勉強できました。当時は私もスーツを着て仕事をしていましたし、オフィスに行くと女性社員全員が制服を着ていました。全員が同じものを着て仕事をするという光景は、私には新鮮でしたね。

このことは男女の日本代表チームのコーチをやるうえでも大きなことで、日本人の気質を理解できているからこそ、それを役立てな

米ペンシルベニア州立大時代の著者　写真：著者提供

がらチームづくりができていると感じます。

日本の選手とアメリカの選手は様々な点で異なっていますが、その中でも際立つのは、アメリカの選手は自分に自信があることやベストな選手になりたいという思いを口にすることです。対して、日本の選手は総じておとなしく、慎み深い。たとえ自信があってもそれを口には出さない。アメリカ人の中には自信過剰の選手もいるくらいです。私は競技者としてはその間くらいの気持ちで臨む選手がいいのではないかと思っています。

慎み深いところは日本の良いところだとは思いますが、バスケットボールとなると、あまりにおとなしすぎるのは良くありません。バスケットボールは戦いで、弱さを見せれば、相手につけ込まれてしまうからです。

私にとって男子日本代表での初陣となった2021年11月末のワールドカップ・アジア地区予選。私はベテランの比江島慎選手（宇都宮ブレックス）を招集していましたが、中国との対戦だったこの試合、彼の熱量のないプレーぶりがひどかった。その年の夏の東京オリンピックでプレーした選手の多くが、全く勝てなかったことなどもあって疲弊していました。私は代表のユニホームを着て「やりたい」という気持ちのある選手を招集したのですが、この中国戦の前半での出来を見て、私は彼が「終わった」と感じました。それでハーフタイムに全員の前で、彼に向けて「もうやりたくないならプレーしなくてもいい」と厳しい言葉を投げかけました。

すると彼は私を見て「やりたい」と言ったのです。比江島選手は静かでシャイな人だけになかなかそれを感じることができないですが、実は彼の中にはまだ「火」が残っていたのです。実際、比江島選手はその試合の後半でも、その次の試合でも良いプレーを見せてくれました。

ただ、その時はまだ私の体制が始まって間もない頃でした。その後、活動を重ねていくにつれ、選手たちは私が気持ちやエネルギーをもたらすことを求め、チームとして戦うことの重要性を訴えていることを理解してくれました。

私は日本のバスケットボールの文化を変えるという使命を持って臨んできました。今や代表チームに参加する日本の選手たちのレベルは確実に上がっています。

そして、その成果はワールドカップで十分に発揮されたのではないでしょうか。ドイツやオーストラリアといった強敵に大きなリードを許しても後半には反撃し、フィンランドやベネズエラとの試合では大きな点差をはね返して逆転勝利を収めました。UNTIL THE LAST。最後まで諦めない。このことは今や、日本代表の中にしっかり組み込まれています。**私は格好をつけたプレーをする選手を評価しません。評価するのは、熱を持ってがむしゃらに、諦めないプレーをする者です。**そして、そういう選手こそが、日本らしい選手だといえるのではないでしょうか。

高い目標が成長をもたらす

私はここまで女子と男子の日本代表ヘッドコーチを務め、東京オリンピックやワールドカップといった世界の舞台を経験する幸運に恵まれました。

しかも、単に国際大会に出たというだけでなく、女子代表の東京オリンピックでの銀メダル獲得や、男子代表のワールドカップ最高成績など、好結果を出したチームに関わることができたわけですから、このうえない喜びを味わってきたといえます。

良い結果を残すことができたのには理由があります。世界のどのコーチにもその人自身が持つチームづくりの方法というものがあります。それはもちろん、私にとっても同様です。

私がチームづくりをする際に最も大切にしていることは目標の設定です。それこそがチームづくりの原点であり、成功を収めるための肝となります。

このことは、ビジネスの世界においても同じではないでしょうか。どの会社にも、どの部署にも、上層部の人間にも、部署を束ねる中間管理職の人たちにも、適切な目標設定があるはずです。

それは個人にとっても同じです。バスケットボールなら選手一人ひとりが己の目標というものを持っていなければなりません。ビジネスなら個々の社員が、ということになります。目標がなければ人は前に進むことができませんし、成長することができません。

東京オリンピックで女子代表は銀メダルを獲得しました。しかし、私たちの目標はあくまで金メダル獲得だったため、アメリカとの決勝戦が終わった直後は、失望の念のほうが強かった。それでも、少し時間が経過してから、選手たちが達成感を得ているような表情をしているのに気づきました。

それを見ていたら、私も失望の重たい気持ちから徐々に晴れやかな気持ちへと変わっていったのです。なぜかといえば、私たちがチームとして戦い、そして周囲が「無理だ」と思っていた金メダルという目標に近づくことができたからでした。

では、目標をどう設定すればいいのか。これも大切です。すぐに達成できてしまうような低い、簡単な目標はダメ。それではみんなの奮起を促してさらなる成長につなげることはできないからです。

女子代表では「東京オリンピックで金メダル」という目標を打ち立て、周囲からそれは高すぎると見られていましたが、私は選手たちの能力をわかっていました。課題を解決して、いくらかの変化をもたらせば、実現可能だと思っていました。それこそが、私のメンタリティーであり、手法なのです。

もっとも、そこへ至るまでの過程で私にも苦い経験がなかったわけではありません。

2016年のリオオリンピックで女子代表が8強入りし、選手たちが満足している中で、私はヘッドコーチに就任した際に「東京オリンピックでは頂点を目標にする」と公言しました。このことについてはすでに記した通りです。

その大目標へ向かう途中の2018年、私たちはスペイン・テネリフェで行われたワールドカップに臨んだわけですが、そこで私は選手たちに「金メダルとは言わないが、表彰台を狙っていこう」と伝えました。この大会では、リオで正ポイントガードだった吉田亜沙美選手（アイシン ウィングス）が引退を表明してしまうということもあったため、金メダルにこだわらず「どの色でもいいからメダルを」と目指すべきものを変更したのです。

しかし、このためにチームに緩みのようなものが出てしまい、日本は表彰台どころか9位に終わってしまいました。この目標の立て方は完全に失敗でした。

この出来事は私に「目標設定を明確にし、全員がそこへ向かっていかねばならない」という大きな学びを与えてくれました。

個人的にも、挫折から教訓を得た経験があります。

世界の多くの選手たちがそうであるように、私も若い頃はNBAに行き、そこでスーパースターになるのだという無垢な夢を抱いていました。ところが、大学に入ってみると、極めて高いレベルの競争にさらされ、自分に特別な身体能力がないことに気づかされると、徐々に「もしかしたらNBAは難しいかもしれない」という思いになっていきました。NBAでスーパースターになると意気込んでいた気持ちは、「その舞台に1分でも立てればいい」といった現実的なものへと変化していったのです。

しかし、これも間違いでした。NBAに行きたいのであれば、「1分でもいい」などという気持ちではダメ。目標を大きく持たなければ、何事もなし得ない。私は日本リーグでプレーをした後、27歳でNBA入りしたわけですが、本当はもっと若い頃から高い目標を持ち続けるべきだったのです。

「あいまいなゴール」をつくるな

東京オリンピックが半年後に迫った2020年の年末。渡嘉敷選手と本橋選手がヒザのじん帯に重傷を負ってしまいました。また、宮澤夕貴選手（富士通レッドウェーブ）も肩を故障していました。いずれの選手も本番に間に合うかどうかわかりませんでした。危機的な空気が女子代表チームを覆いました。

それでも、私は金メダルという目標を変えることはありませんでした。それは私たちが最初から打ち立てていた目標でしたし、前述のワールドカップでの反省から学んだことでもありました。

私はキャプテンだった髙田真希選手（デンソー アイリス）にも目標はあくまで金メダルだと伝えました。頼もしいことに、彼女はそれに全面的に賛同してくれました。

そして迎えた東京オリンピック。我々は目指していた目標には届きませんでしたが、銀メダルという目標に限りなく近いところまで到達することができました。そこに至

女子日本代表は東京オリンピックで銀メダルに輝いた
写真：共同通信

るまでの過程は容易なものではありませんでした。ですが、最後にはやり遂げてみせました。

東京オリンピックが終わり、今度は男子代表のヘッドコーチとなって、すぐに目標を決められたかといえば、そうではありませんでした。目標を明確にするためには、日本の強み、弱みだけでなく、他国についての状況を把握する必要があったからです。

目標を設定する際にまず必要なことは、自分たちの強みが何であるか、それを生かした時にどれだけやれるのかを知ることです。また同時に、選手たちが達成困難な目標に本気で向かう気持ちを持っているかを確認し、世界のライバルたちの特性などを把握することも肝要です。

それはビジネスの世界にも当てはまることです。目標を立てる時には、競合他社の強みを知り、それを上回ることを目標とすべきなのです。それをせずに漫然と目標を立てているようでは、奮起を促すことにはなりません。社員たちを「心地のよいところ」から追いやって、上を目指させることが大事なのです。

パリオリンピックへの切符を獲得した2023年のワールドカップが終わると、多くの人たちが「パリでの目標は何か?」と私に聞いてきました。しかし、私はその問いに対して、すぐには回答しませんでした。なぜかといえば、ここまで述べたように、目標設定のためには自分たちのチームやオリンピックに出場する他のチームの状況を細かく把握する必要があり、そのためには選手やスタッフたちとも話をしなければならなかったからです。

実際にそうした過程を経て、目標が決まりました。私たちのオリンピックでの目標は「パリで試合をすること」となりました。どういうことか? パリオリンピックの

1次ラウンドは、パリから北に200キロ以上離れたリールのスタッド・ピエール＝モーロワというアリーナで行われ、そこから上位8チームが決勝ラウンドへ進出します。つまり、リールでの予選ラウンドを勝ち抜き、パリのベルシーアレーナのコートに立つことを、私たちの目標に定めたのです。

では、決勝ラウンド進出のためには何勝が必要でしょうか。1勝？　確かに、得失点差などによって1勝でも決勝ラウンドに進める可能性はあります。ただ、目標を1勝としてしまうと、1つ勝った段階で、気が緩んでしまうかもしれない。だからこそ、何勝するかではなく、決勝ラウンド進出を目標に掲げたのです。

これはワールドカップでも同じでした。「アジアで1位」という目標は立てましたが、何勝したいかは明言していません。「目標を達成するために2勝か3勝は必要になるかもしれない」とは言いましたが、チームとしてはアジアで1位になることが明確な目標でした。

パリオリンピックでは予選ラウンドで1勝すれば、次へ進める可能性もゼロではありません。しかし、それでも私は1勝が目標だとは言いません。あくまで決勝ラウンドへ進むこと。それが達成できれば、日本にとって素晴らしい成果となります。

「全員が信じる」ことの大切さ

高い目標を立てることを私がいかに大切にしているかについては、わかってもらえたかと思います。

ただし、私が選手たちに「こういう目標にすると決めたから従いなさい」と言うのでは、目標は達成できません。私が重要視しているのは、目標達成に向けて選手一人ひとりが自分の強みや哲学を心から信じて励むことです。

大事なのは、彼らが心から信じること。信じることを強いるのとは違います。

男女とも日本の代表チームは世界に比べると体格で劣るため、私は動きの速さやシュート力、ディフェンスでのしつこさなどを生かしながら、他とは異なるバスケットボールのスタイルをつくり、練度を高める作業をしてきました。

そのうえで、私は代表チームの選手一人ひとりにこう聞くのです。

「私たちにはこういう高い目標があり、そこへ向けてこういう戦い方をしていく。あなたはそれを心から信じてやり抜いてくれますか？」

私が尋ねれば、選手たちはうなずいてくれます。しかし、それだけではダメです。うなずくだけでなく、声に出して「信じています」と言ってもらわなければいけない。その言葉を全員が口にしてはじめて、私たちは同じ船に乗って共通の目標へ向かうことができるのです。

口に出したからには選手たちも「本当に」信じてやらなければならない。もし、彼らが練習や試合で集中力を欠くようなプレーをしたら、私はこう言います。「信じています、と口にしましたよね」と。

もし、信じ切れていないままに「信じています」と言う選手がいたとしたら、私はすぐにその選手が本心からそう言っていないと見抜くことができます。なぜなら、そういう選手は練習の時に言い訳をしたり、激しくプレーをしないからです。そして、そういう選手には代表チームでの居場所はありません。

最高のチームは必ずしも最高の選手の集まりではありません。**最高の選手がいても、自分たちのやっていることを心から信じていなければ意味がないのです。**信じていないのなら、なぜここにいるのかというわけです。

ちなみに、私のペンシルベニア州立大学時代の専攻はマーケティングでした。理由は数字に強かったからなのですが、このことはバスケットボールのコーチとなっても大いに役立っています。コーチは勝利のために大量のデータを分析して、それを使いこなさなければなりません。データはあまりに膨大なので、どの数字が本当に意味のあるものなのかを瞬時に判断し、取捨選択をする必要もあります。

大学の専攻の話に戻ると、私は当初、やはり数字が得意でなければならない会計を専攻しようと思っていました。ただ、会計を少しかじると、これは自分に合わないと思いましたし、楽しめなかった。それで、マーケティングに専攻を変えました。

この判断は正しかった。というのも、マーケティングは人に対して行うものだからです。商品やサービスを宣伝して人々に買ってもらう。バスケットボールのコーチも自身の考えという「商品」を選手たちに信じてもらい、かつ彼らを成長させるわけですから、非常に近しいものがあります。

周囲からどのように見られているのかはわかりませんが、私は選手時代から常に自信を持ってバスケットボールに取り組んできました。自信があってはじめて、自分のすることに迷いなく取り組めるのです。選手がもし自信を持たずにコートに立てば、きっとやられてしまうでしょう。生き残っていけない。

英語には「彼らをプールの深いところへ連れていく」というフレーズがあります。プールの深いところとは、それだけ息が苦しく、つらい場所のたとえです。私は選手としては最も大きな選手ではありませんでしたし、最も強い選手でもなかった。それでも私には、40分間をかけて相手を「プールの浅いところ」から徐々に「深いところ」へと追いやり、彼らを溺れさせる強い精神力がありました。

強い精神力がなければ、40分間戦い続けて相手をプールの深いところへ追いやることなどできません。多くの選手たちが「自分はタフだ」と口では言います。そういう選手と対峙する時、私は「わかった。じゃあ40分間戦ってみようじゃないか。試合が終わる頃にはお前はプールの底に沈んでいるはずさ」という気持ちで試合に臨んでいました。

今、コーチとなって私が選手たちに求めるのはそこです。ただし、私は彼らに「精神的に強くあれ」などとは言いません。彼らを「試す」わけです。試したうえで、彼らが本当に精神的に強いかどうかを見極めます。もし、それに応えられなければ、チームに残れないということになります。

自分に対する自信はヘッドコーチとなった今も変わりません。リーダーが自信を持っていなければ、周囲はついてきてくれません。リーダー自身が心から信じていないことをチームに求めることにも意味はありません。

私はバスケットボールのコーチですから、一番よくわかっているのはバスケットボールのことです。しかし、私の哲学は「人生」に通じるものです。「より良い選手になれ」と選手に厳しく言うのは、毎日成長を求め、自身に対してチャレンジをし続けろということです。

人生とは簡単なものではなく、チャレンジをし続けることがなければ、成長は手に入りません。ビジネスの世界も一筋縄でいかないこと、大変なことが毎日あるはずです。それでも、挑戦から逃げずに目標へ向かって進み続けることが大事です。

壁が高いからといって逃げてはダメ。それを乗り越えてやるんだという「面の皮の厚さ」を持っていなければいけません。壁があったなら、ただそれを眺めるのではなく、なぜそこに壁があるのかを考えなければなりません。

私がバスケットボールのコーチとして学んだことは、人生で学んだことだと言っても過言ではありません。人生で得てきたものを指導に生かしています。このことはビジネスの世界でリーダーの立場にある人にも共感してもらえることではないでしょうか。ですから、バスケットボールの指導をしている私を見ることで、必ずしもバスケットボールのファンではない、一般のビジネスパーソンの方にも何かしらのヒントをつかんでもらえるのではないかと思います。

自分たちのスタイルを貫き通す

バスケットボールは対戦相手より多く得点すれば勝つというゲームですが、一般的には相手を研究し、自分たちがどこに優位性を持っているかを生かして戦います。しかし、私の日本代表は違います。対戦する相手が誰であろうと、自分たちのスタイルを貫き通すことに重きを置いています。

世界に対して身長や身体能力といった点で不利な日本が、相手に合わせた戦い方をしても勝てないからです。NBAでプレーする選手をはじめ、世界には大きく、超人的な身体能力を持つ選手たちが数多くいます。そうした選手に対して、日本の選手が1対1の勝負を挑むのは得策ではありません。

1対1ではなく、あくまでチームとして戦う。そして自分たちの型を貫き通して、チームとしての力を最大化することで、相手を上回るのです。

日本の最大の特徴は速さがあることですから、それを生かしながらのスタイルこそが世界と戦う時の武器だと考えています。これは私の選手時代やWリーグでコーチを始めた時の経験が土台となっています。

私が選手として日本に来た時、リーグには外国籍を含めて本当に大きなセンターがたくさんいました。しかし、彼らはアウトサイドでより素早い動きのできる私を防ぐことができない。一方で、私は彼らを守ることができる。そういったこともあって、リーグには大きいだけでなく、いろんなことができる選手が増えていったのです。

WリーグのJXでコーチを始めた時、チームには諏訪裕美さん（身長183センチ）や大崎佑圭さん（同183センチ）、山田久美子さん（同192センチ）、木林稚栄さん（同183センチ、現在は山形銀行ライヤーズヘッドコーチ）といった屈指のセンター陣がいました。私が加わった翌年には渡嘉敷選手（同193センチ）も入団しました。

ところが、そんなチームも、時に20点以上の差をつけられて負けることがありました。相手はスピードや俊敏性、3ポイントシュートで勝負してきたのです。大きな選手の多いチームを率いていた私にとって、相手がそのように戦ってくるのは本当に嫌でした。

そして、私が女子日本代表のヘッドコーチになると、今度は自分のチームが世界で最も小さいチームの1つになったのです。そこで、私はJXで相手からやられていたことを自分たちの武器とし、速さを生かしたスタイルを用いるようになりました。

2013年にアメリカへ行き、日本リーグ時代からの友人で、現在は男子日本代表のアソシエイトヘッドコーチを務めるコーリー・ゲインズを訪ねました。彼は当時、WNBA（米女子プロバスケットボール）フェニックス・マーキュリーのヘッドコーチを務めていました。コーリーはロヨラ・メリーマウント大学での選手時代、「ラン・アンド・ガン」と呼ばれ、他に類を見ない超攻撃型なスタイルで一斉を風靡したポール・ウェスト・ヘッドコーチ（後にNBAロサンゼルス・レイカーズや日本のJBL松下電器パナソニックスーパーカンガルーズなどでも指揮を執った）の下でプレーをしていて、指導者となってもその影響を受けていました。

その彼から私はファストブレークのシステムを学びたかったのです。給料はもらえなかったのですが、私は毎週末、自宅のサンディエゴから車で5時間半かけてフェニックスまで行き、コーリーの家に泊まって彼の指導法を勉強しました。

当時のマーキュリーにはオリンピックでも金メダルメンバーとなるダイアナ・トラージやブリトニー・グライナーといったスター選手がいました。コーリーはこういった選手たちも含めて、私に自由に指導させてくれました。

こうした経験を経て、私は日本代表に合うスタイルを確立していきました。具体的には、大きな選手1人だけをインサイドに配置し、残りの4人はアウトサイドから攻撃を仕掛ける「4アウト・1イン」や、5人全員がアウトサイドから攻める「5アウト」というスピードとスリーポイントシュートを生かした戦術をベースにするようになりました。

昔の私は細かなプレーに焦点を当てたり、相手チームの研究ばかりに時間を割いていました。しかし、今は自分たちのチームがどうすべきかに焦点を当てています。さらに言えば、以前は細かな技術ばかりを教えていましたが、今は哲学や考え方をより強調しています。それはつまり、**相手に関係なく、自分たちのやっていることを信じてやることこそ、勝利に近づくと考えるからです。**

誤解を恐れずに言えば、相手だけでなく、どの選手が日本代表にいるかも問題ではないのです。男子ワールドカップの前には八村塁選手（NBAロサンゼルス・レイカーズ）が参加するかどうかが話題となりました。八村選手や渡邊選手のようなNBAの選手たちはリーグのルールで大会の28日前からしか練習に参加できません。

代表チームはワールドカップの2カ月以上前から合宿をしていましたから、渡邊選手が加わってくれるといっても、「28日ルール」があるために、コンビネーションなどを合わせる時間がないのではないかという懸念がありました。これはフリオ・ラマス・ヘッドコーチの下で戦った東京オリンピックの男子代表でも同じだったでしょう。

この点についての私の考えはこうでした。確かにNBAでプレーする選手たちは日本代表ではチームの中心になる力量があります。ただ、だからといって、**日本代表チームが彼らに合わせて戦うわけではありません。むしろ、彼らが日本代表のスタイルに合わせなければならないのです。**つまり、どのような選手がいようと、日本代表チームとしてのスタイルやコンセプトに変わりはないのです。

世界と対峙した時、大きく、身体能力の優れた他国の選手と1対1では分が悪いと書きましたが、日本の選手たちがそれを意識してしまったら勝てる試合にも勝てません。だから、私は彼らに対して、自分たちの強いところ、これまで準備してきたことを思い起こさせます。自分たちは相手よりも速く、シュートもうまいのだ、と。

大事なのは自信です。繰り返しになりますが、自分たちを信じることこそが何よりも大切なのです。

役割を与え、やるべきことを明確に

私の指導法では、選手個々に「役割を与える」こともまた重要なこととなっています。選手はそれぞれ異なる特性や個性を持ち、コーチはそれをよく観察したうえで理解し、彼らにすべきこと、すなわち仕事を授けるのです。

私はいわゆるスーパースターがチームを引っ張るというのが好きではありません。それよりも、選手一人ひとりがそれぞれの仕事をこなし、トータルで最高のチームとなることに重きを置きます。**スーパースターはいなくても、それぞれが自分の役割を果たせば、「スーパーチーム」になれるわけです。**

会社組織でも同じではないでしょうか。会社というチームの中には部長や課長がいて、社員がいる。そして、それぞれに役割があり、全員がそれを全うすることで成果を最大化できるのです。

さらに言えば、自身の役割を理解しているだけでは十分だとはいえません。バスケットボールチームならば、自身の役割だけでなく、チームメートの役割もわかっている必要があります。そうすれば、試合の状況などによって、どの選手にボールを集めたほうがいいのかといった判断が容易になります。

役割を理解するということは口で言うほど簡単ではありません。実際、自身の役割をこなすことに苦労する選手もいます。それは、私の率いる代表チームのバスケットボールのスタイルが、選手たちが所属しているクラブチームとはかなり異なっていることとも関係しているでしょう。

それでも、選手たちは代表チームに来たらそこでの役割を正確に理解し、遂行しなければなりません。私はいつも選手たちにこう伝えています。

「代表に来たら、クラブでやっていることは忘れなさい。代表では代表での役割がそれぞれにあります」

なぜ、私はこの「役割を与える」やり方をそれほど重視しているのか。それは誰かに教わったり学んだというよりは、自分の経験からこれが最良だと感じたからです。

女子の選手や男子の若い選手などが、よく「自分のすべきことがわからず、混乱しています」「コーチが自分にどうしてほしいのかが理解できていません」などと言うのを耳にしてきました。コーチとして、こうした言葉を聞くのは最悪なことです。それで、選手たちに明確な役割を与えるというやり方を始めたのですが、これが効果的だということがわかったのです。

私の代表チームでプレーしてきた選手たちの中で、最もわかりやすい例の1つは須田侑太郎選手（名古屋ダイヤモンドドルフィンズ）でしょう。男子日本代表チームのヘッドコーチに就任して最初の合宿から私は彼を招集したのですが、初めのうち彼は自身の役割をよく理解できていなかった。須田選手は、私が彼に中に切れ込むドライブインのプレーも求めていると考えていたようなのです。

実際はそうではなく、私は彼に優れたシュート力を生かしてスリーポイントを打ち続けてほしかったのです。ですから、彼には改めてこう伝えました。「ドライブはしなくていい。君にはシュートを打ってほしいんだ。パスをもらったらすぐに打ってほしい」と。

それを理解した須田選手は「自分がすべきことが明確になって仕事が簡単になった」と話していました。

もう1人、河村選手の例も挙げておきましょう。バスケットボールの司令塔、ポイントガードの選手である彼は、以前は常に「パスファースト」の選手でした。ただ、現代のバスケットボールにおいては、それではダメで、得点ができなければなりません。コートに立つ5人全員がアウトサイドに位置を取り、そこから流動的に動きながらドライブインやスリーポイントシュートで得点を狙う「ファイブアウト」のスタイルを取る日本代表チームにおいてはなおさらです。

2022年8月に仙台で行われたイラン代表との親善試合で、私は河村選手に対して「もっと自分でもリングを見て得点をする意識を持ちなさい！」と叱責し、コートから下げました。それから彼は生まれ変わったかのように得点を狙う選手となりました。Bリーグでも平均得点がぐっと上がり、2022－23年シーズンではリーグのMVPに選出されるなど、日本のバスケットボール界の顔の1人へと成長したのです。

しかし、ポイントガードは得点だけでなく、パスも出さなければならないので、他のポジションの選手よりも役割は少し複雑です。河村選手はこの「得点もアシストも」という役割をよく理解し、コートで遂行できるようになりました。しかし、他のポイントガードの中にはいつ自身でシュートにいって、いつパスをして、いつドライブにいくべきかの判断やバランスに戸惑う選手もいました。

NBAのゴールデンステート・ウォリアーズはここ10年ほどで4度の優勝を達成し、近年のリーグで最強のチームであることに疑いの余地はありません。このウォリアーズのマイク・ダンリービー・ゼネラルマネージャーは、ある記事でチームづくりの哲学についてこんなことを話していました。

彼いわく、ウォリアーズには「スーパースターとロックスターメンタリティーがある」とのことで、「スーパースター」とはステフィン・カリーやクレイ・トンプソンらを、「ロックスター」とはそれ以外の選手たちを指します。彼はロックスターにはそれぞれ役割があり、スーパースターの存在だけではなく、ロックスターたちがその役割を果たすからこそ勝てているのだと言っています。

ＮＢＡでいう「スーパースター」は、ほかのところでいうそれとはかなり違っていますし、そもそも私はスーパースターに頼ったチームづくりがあまり好きではありません。しかし、ダンリービー氏の哲学は私の考えに近いところがあります。ウォリアーズに限らず、優勝するようなチームというのは、いずれもスーパースター以外の選手たちがきっちりと役割を果たしているからこそ強いのだと思います。

ウォリアーズに関していえば、私にとって真のスーパースターはカリーだけです。彼が他のスーパースターたちと違うのは、「普通の人」だというところです。どういうことかといえば、カリーは自分を他者よりも優れているなどとは考えておらず、あくまでチームの一員であるという意識が強いのです。

もし、あるチームにスーパースターがいて、その選手がわがままな人物だったら、そのチームはうまくいかないでしょう。

ウォリアーズにはドレイモンド・グリーンという選手がいます。彼は時にコートの内外で問題児のように見られる言動を取りますが、私は彼が優れたチームプレーヤーだと思っていて、ウォリアーズが複数回優勝した理由の1つだと思っています。彼はシュートが特別うまいわけではありませんが、アシストやディフェンスに長け、チームにとって最良のプレーをしてくれます。

私が大会へ向けて日本代表チームの12人を選ぶ時、実力で上から12人を順番にメンバーにしていくわけではありません。**バスケットボールチームは1つの「パズル」であり、それが作品として完成してはじめてチームとして最大の力を発揮できるわけです。**そして、そのパズルには様々な「ピース」があり、それぞれに特徴があります。

その特徴こそが、私のいう選手それぞれの「役割」です。ですから、パズルの完成形を考えつつ、どのピースにどの選手を当てはめるのが最良かを考えています。

パズルのピースを探し、それを完成させていくことは「興味深い」とはいえますが、決して「楽しい」作業ではありません。なぜなら、その過程で選手たちをカットしながら、前に進んでいかなければならないからです。そして、それは大会が近づくにつれて、どんどんとつらいものになってきます。

コミュニケーションがすべての源

私はコミュニケーションに重きを置いています。それは私の指導ぶりを見ている皆さんも感じられていることではないでしょうか。

このコミュニケーションがなければ、私は私というコーチではあり得ないというか、それほどコミュニケーションというものが私の指導の核となっているのです。

私が選手たちに高いスタンダードを求めることについてはすでに記しました。しかし、選手たちに高いものを求め、彼らの力を引き出すためには、彼らに私というコーチを理解してもらう必要がありますし、私も彼らのことを知る必要があります。彼らと私の間に「橋」をつくらなければならないのです。この橋なくして、私のチームビルディングは成り立たないのです。

加えて、この橋を通してのコミュニケーションを進めるには、互いのリスペクトが欠かせません。リスペクトがあってはじめて、コミュニケーションは成立するのです。

選手時代に多くのコーチたちから指導を受け、彼らからの影響も受けました。彼らのすべてが最上級のコミュニケーターだったわけではなく、それを反面教師的に学んだ部分もあります。

例えば、大学時代のヘッドコーチは、コミュニケーションを苦手としていたと思います。私の父親も厳しい人で、コミュニケーションが上手だったとはいえません。しかし、だからこそ、私はコミュニケーションは「2ウエイ」、つまり互いの意思疎通こそが大事であると学ぶことができたわけです。

私は2010年から女子Wリーグ・JXサンフラワーズ（現・ENEOS）のアシスタントコーチとなり、その後は女子日本代表でもアシスタントコーチを務めるようになりました。当時、JXや女子日本代表でヘッドコーチだった内海知秀さん（現在はWリーグ・日立ハイテク クーガーズヘッドコーチ）はとても辛抱強い人で、彼からは我慢を学びました。また、JXで内海さんの後任となった佐藤清美さん（現在は秋田銀行ヘッドコーチ）はとてもオープンな人で、私にもいろいろと好きなことをやらせてくれました。今は私自身も自分のアシスタントコーチたちに好きなことをやらせてあげなければいけないと感じています。

コミュニケーションが上手ではなかった大学のヘッドコーチですが、彼からは準備の大切さを学びました。彼はとにかく入念に準備をして臨みますから、その大切さを吸収しました。私がNBAアトランタ・ホークスでプレーした時のレニー・ウィルケンズ・ヘッドコーチは全く怒らない人で、選手たちとよく話をする素晴らしいコミュニケーターでした。

ポルトガルリーグではスポルティングというチームに所属しましたが、その時のマリオ・シウバ・ヘッドコーチは常に学習する人でした。常に新たなことを模索しながら、それを試すことを厭わなかった。フォワードポジションでプレーすることの多かった私がキャリアの中で唯一、ポイントガードとしてプレーしたのはこのポルトガル時代でした。

男女の日本代表のヘッドコーチとして、私は選手たちとのコミュニケーションを重要視してきました。もっとも、女子に比べると男子のほうはBリーグなどのシーズンが長く、それだけ代表活動の期間が限られるだけに、選手たちとのやり取りの時間はより貴重となります。

また、互いに誤解を抱えたままチームづくりを進める時間の余裕もありません。誤解が生まれる時というのは、チームでの問題になりがちです。私はチームづくりの哲学として、全員が同じ方向を向いて一蓮托生となることが肝要であると考えていますが、それを実現するためにはコミュニケーションがとても大事なのです。

現代はデジタルの時代で、多くの若者がスマートフォンを片時も離しません。会社でも、隣にその人がいるのにスマホやパソコンでメッセージで伝えてくる人がいると聞きます。

しかし、ほとんどの場合、そうした若者にも父親がいるはずです。では、彼らの父親たちがそういう伝え方をするかといえば、しませんよね。私も親世代の人間ですから、ソーシャルメディア（ＳＮＳ）も少しはたしなみますが、どっぷり浸かることはありません。

私にとって練習時間は「私たちの時間」です。個人の時間ではありませんし、ましてや選手がスマホをいじる時間であるわけがありません。私たちの時間なのです。

金近廉選手（千葉ジェッツ）が、練習が終わってすぐにスマホをいじり始めたことがありました。それを見て私は「それはダメだ。ここにいる間はスマホをしまっておくべきだ」と伝えました。強制をしたつもりはありません。私の言葉で振る舞いが変わるかどうかは彼次第です。私としては「体育館にいる間はバスケットボールのことを考えるべきではないのか」ということを伝えたかったのです。

私もスマホを持っていないわけではありませんし、便利なことも知っています。遠方にいる選手に言いたいことがある時にフェイスタイムで話をするといったこともあります。そういう時には便利さを感じますが、バスケットボールのチームづくりにおいては面と向かってのコミュニケーションこそが大事であり、スマホがそこに介在する必要はないはずです。

会社組織などにおけるコミュニケーションの取り方も、昔とはずいぶんと違っていて、上に立つ者は部下との会話にずいぶん気を使っていると聞きます。一方的、かつ頭ごなしに命じるようなやり方だと、パワーハラスメントだと言われかねないので、当然かもしれません。

しかし、私からすれば、**相互のコミュニケーションがきちんとできてさえいれば、パワハラのような問題にはならないのではないかと思います。**私が選手たちを厳しく注意することは日常茶飯事ですが、それは私が彼らにより良いプレーをしてもらいたいからであって、意地悪をしようと思ってそうしているわけではありません。

河村選手に厳しい言葉を投げかけたことはこれまで何度もありますが、それは私が彼の能力を知っていて、さらに優れたプレーができる選手だとわかっているからそうしているわけです。良いプレーをしていると周りが評価していても、彼にはまだ十分にできていないところがある。それを直せば、さらに良くなると思っているからこそ、私は厳しく言うのです。できていないところを指摘することもまたコーチ、すなわち上司たる私の仕事なのです。

もっとも、会社組織とスポーツではやや状況が異なっています。私にとってのオフィスはバスケットボールコートです。広いバスケットボールコートで選手たちに指示する時には、声を張り上げないと伝わりません。普通の声で選手たちに「こうしてほしい」と言っても伝わりません。だから、叫ぶように話す必要があります。

これが試合となれば、余計にそうです。試合会場は大きく、観客の歓声もある。コーチはかなり大きな声を出さなければなりません。

期待しているからこそ厳しく

いずれにしても、私は練習や試合でかなり声を張り上げることが多い。そして、選手たちもそれを望んでいるといえるでしょう。なぜかといえば、選手として最悪なことは、コーチが選手に話しかけすらしないこと。それはコーチがその選手を戦力として考えていないということを意味するからです。

私が選手に厳しく言うのはその選手を買っていて、指摘や指示を与えることで彼、

彼女がさらに上達できると考えているからです。コーチから厳しく指導されたいと考える選手は、学びと成長を欲している素晴らしい選手だといえます。私としても、そういう選手を指導するのはとても楽しいです。

私がコミュニケーションを取るのは選手たちばかりではありません。時に、日本バスケットボール協会やBリーグの要職にある人たちと話をすることもあります。そして、彼らにとって耳の痛いことを申し立てることもあります。

例えば、ワールドカップ・アジア地区予選の時、招集していた選手の数人が参加できないという予期せぬ事態が起きました。本来、その期間はFIBA（国際バスケットボール連盟）が定めた国際試合の期間で、Bリーグだけでなく世界のプロリーグが試合を中断しなければならない。しかし、結果として、参加できない選手が出てきてしまいました。

選手たちが所属するクラブから給料を得ているというのは、重々承知しています。しかし、国を代表するチームをサポートする姿勢が感じられなかったのです。

そこで、私はBリーグの島田慎二チェアマンと話し合いを持ち、不満を正直に打ち明けました。彼とは日本のバスケットボールのレベルを上げていきたいという共通の目標があり、近しい間柄にあります。彼はビジネスマンでお金をつくり出す方法を知っている人です。それ自体はバスケットボール全体の価値を上げるという点で素晴らしいことで、私は彼の考え方に大いに共感しています。

ただ、私には私の考えもあります。Bリーグの価値を上げたいのならば、日本代表が強くなくてはダメ。日本代表が国際的な立場を確立することができれば、Bリーグにはさらに多くの観客が押し寄せ、さらに多くのスポンサーが集まってきます。

Bリーグの試合はレギュラーシーズンだけでも年間60試合あり、加えて最近では東アジアスーパーリーグ（EASL、日本、韓国、台湾、フィリピンから2チームずつが参戦するクラブチームの大会）にもBリーグの上位チームが参加しています。選手たちはかなりの試合数をこなさねばならず、私としても同情を覚えるほどです。そのような状況ですから、代表活動の前にクラブ側から選手の疲労度に配慮してほしいといった電話をもらうこともあります。

私からすれば「何を言ってるんだ。選手たちは代表に休みに来るのか」と。もちろん、選手たちの状態を見て、疲れが見えるようであれば軽めの練習メニューにするなどの判断をすることはあります。そこは柔軟に臨んではいますが、こうしたことへの懸念を島田チェアマンに正直に伝えました。

このように、私は思ったことを言わずにはいられない人間なので、中には私のことを快く思っていない人もいるかもしれません。それでも、私は日本代表のリーダーとして、チームのために、引いては日本のバスケットボール界のためになるならば、部屋の中で文句を言うだけでなく、然るべき人のところへ行って話をします。

私が英語と日本語の両方でこうしたコミュニケーションができるのも大きな強みかもしれません。私の日本語は決して素晴らしいといわれるようなレベルにはありませんが、幸いにも選手たちはそれを尊重してくれています。やはり、私が思うことを通訳を介さずに直接伝えられることは大事な要素になっているように思います。

私の日本語が完璧でないことは大きな問題ではありません。試合中、タイムアウトなどで指示を与える時も、「ディフェンス！　ディフェンス！」「リバウンド！　リバウンド！」と選手たちにやるべきことを再確認させるだけのことが多い。その「やるべきこと」は練習で取り組んできたことですから、改めて細かく言う必要はないのです。

日本語を話す時に気をつけていることの1つはスラング（俗語）を使わないことです。私の基礎的な日本語能力が高いわけではないことがその理由ですが、基礎を学ばずして一足飛びで俗語などを使うと、その言語を母国語とする人にどのように聞こえるか定かではないからです。ですから、日本語ではできるだけ丁寧に話すように心がけています。

近年、男子の日本代表チームには帰化選手がいて、それ以外にも海外でのプレーで英語を日常的に使う選手が増えてきています。日本語しか話さない日本人選手たちに私は当然、日本語で話しかけるわけですが、日本人選手でも、例えば富永選手など海外に拠点をおいてプレーしている者たちは総じて英語での指導を求めます。彼らは普段、英語で指導を受けているため、日本代表でも英語でコーチングをしてもらったほうがすんなりと指示が入ってきやすいのです。

他方、私には日本語でしか話しかけてこない選手が、日本語を話さないコーリー・

ゲインズ・アソシエイトヘッドコーチには英語で会話をしてくるそうです。河村選手などはコーリーと英語で話すそうですが、私は彼が英語を話せることを知らなかったので、「河村と話をしたよ」と言ってきたコーリーに、「彼と？　英語はできないはずでしょ？」と聞きました。すると、コーリーは「いや英語、話せるよ」と。同じことは、女子代表での馬瓜エブリン選手（デンソー アイリス）との間でも起きました。私は彼女が英語を話すとは思っていなかったのです。

「バスケットボールIQ」を上げる

やや脱線してしまいましたが、私がコミュニケーションを重視していることはわかっていただけたかと思います。

日頃、私たちもファンも「良いコーチはどういう人なのか」を話題にします。世界には優れたコーチがごまんといます。「良いコーチ」とは、どのような指導者のことを指すのでしょうか。

現代のバスケットボールはデータを多用し、戦術も昔と比べて複雑化しています。そして、戦術や数字などに詳しいコーチもやはり数多くいます。

ただし、戦術や数字に強いコーチが優れたヘッドコーチなのかといえば、一概にそうとはいえないこともあるでしょう。優れた戦術家が優れたリーダーとは限らない。チームのトップに立つヘッドコーチは、卓越したコミュニケーション能力を兼ね備えている必要があるのです。選手たちとリスペクトのある間柄を構築し、チームに共通の文化とスタンダードをもたらす必要があり、それができてはじめて真に強い、勝てるチームとなります。

紙の上の戦術やデータがどれだけ進化したとしても、コートに立って戦うのは選手たち、つまり人間なのです。指導者は選手たちを最大限の力を発揮できるところに導いていかなければなりません。

10年後、私が今、指導している選手たちに「トムが取り入れていたオフェンスを覚えていますか?」と聞いたら、きっと覚えていないでしょう。ですが、彼らが私の下で学びながらどう感じていたかは覚えているはずです。それは、私とのコミュニケーションの中で彼らの脳裏に刻まれるからです。

このことは、ビジネスの世界でも同じでしょう。頭が良く知識が豊富な上司がいたとします。しかし、それだけで彼、彼女を優れたリーダーだとするのは早計で、**組織としてより大きな成果を出すためには部下と密に接するコミュニケーション能力が必須なのです。**

女子日本代表の指揮を執っていた頃から、試合中の私が選手たちに厳しい言葉を投げかける姿がテレビに映し出され、私に対して「恐ろしいコーチだ」という印象を持たれた方もいるようです。

しかし、私が選手に対して一方的に命令しているのかといえば、それは全く違います。私が言ったことを選手たちがこなすだけというのは、彼ら、彼女らをロボットとしているにすぎません。

私自身が大学でプレーをしていた時、選手たちはコーチ陣から指示通りの動きをしろと言われ、自分たちの判断でプレーをする余地はほぼありませんでした。まさにロボットだったのです。その当時はそれでも一定程度の成果が得られましたが、現代において通用するものではありません。

そうした原体験を経て指導者となり、私は自分の選手たちをロボットにする指導はしたことがありません。それに、今のバスケットボールは昔と比べて精巧になっており、もっと流動的なものとなっています。ディフェンスではマークしている選手を入れ替えるスイッチディフェンスが頻繁に使われます。

その中で、コーチが選手たちを操り人形のように動かそうとしても対応できません。選手たち自身が相手のやっていることを読み、瞬時に判断を下して動くことが求められるのです。

ですから、私は選手たちがチームの決まりごとを破ったり、同じミスを繰り返したりする時は声を荒らげますが、そうでない限り過度な指示をするようなことはありません。

では、選手たちが自分で判断を下してプレーできるようにするにはどうすればいいのか。その答えが双方向のコミュニケーションです。繰り返しになりますが、コーチが一方的に指示を与えるだけの指導ではロボットを量産するにすぎませんし、選手のバスケットボールＩＱが高くなることもありません。

東京オリンピックの決勝戦の後、対戦相手アメリカのスター、スー・バードさんやトラージ選手と話をしました。彼女たちは日本の選手がアメリカのディフェンスを瞬時に読んで攻撃していたことに感嘆していました。私は以前、決まった動きをするセットプレーを多用していたのですが、それでは相手に意図を読まれてしまうということもあり、その数を徐々に減らしていきました。

コミュニケーションの大切さについては、何度でも強調したい。しかも、求められるのは双方向のそれ。私が指示するだけでなく、選手たちの考えなども聞きながら、関係を深めていく。そうすることで、集団はより「チーム」としてレベルアップしていくのです。

東京オリンピックやワールドカップで成果をあげたことで、私は日本のメディアで「理想の上司」などと紹介されました。アメリカでそのようにいわれることはあまりないので、最初にそういわれた時は面白い発想だなと思うと同時に、少しこそばゆい感覚もありました。

ですが、そう呼ばれることに悪い気はしませんし、むしろ光栄です。そう感じていただけるというのは、コミュニケーションを通じて、そしてリスペクトを持って集団を束ねるという術をバスケットボールの指導を通じて身につけてきたからこそだと思っています。

チームにどう〝熱量〟をもたらすか

私はしばしば「優れたモチベーター」だと評価されます。確かに、バスケットボール選手も人間で気持ちの浮き沈みがありますから、モチベーターの存在は必要なのかもしれません。ただ一方で、私が選手たちのモチベーションを上げるために何か特別なことをしているかといえば、そうでもない気がしています。

確かに、私は選手たちに大声で指示をしたり、注意したりします。ですが、それはモチベーションを上げるためではなく、選手を能力の限界まで追い込むためです。**モチベーションを上げることと、追い込むことは似て非なるものです。**

私が指導しているのは中高生ではなく、日本代表の選手なのです。彼らが落ち込んでいたりすれば、話しかけて多少の手助けはしますが、べったりとその選手に付いてチアリーダーのように振る舞うことはできません。彼らは大人なのですから、責任は選手自身が負わなければならない。

それに、このレベルでモチベーションのない者などいるのかというのが私の考えです。日本代表ならば、文字通り国を背負ってそこにいるわけですし、そのチームに残るために必死になるはずです。

これは一般の人にもいえることです。働いている人たちは生活するためのお金を稼ぐために仕事をするわけです。もしモチベーションがないという人がいるとしたら、その人物はそうした原則が頭から抜け落ちてしまっていると思います。

ただ、自分が好きではないことを仕事にしている時に、気持ちが燃え上がらないというのは理解できなくはありません。私の場合でいえば、現役を退いてサンディエゴで会社員をしている時は、自分が心から愛しているバスケットボールとバスケットボールの指導ができなかったわけです。

ですが、そのことで私がモチベーションを失っていたかといえば、そうではありません。私にはすでに家族がいましたし、会社員の仕事は家族を養うために大切なことでしたから、日々の業務をこなすことは私にとってのモチベーションだったのです。

英語には「好きなことができているのであれば、もはや働いているうちには入らない」というフレーズがあります。自分が好きなことを仕事にするのは素晴らしいことですし、それを実現することが難しいことももまた事実です。私は今、自分の好きなことを仕事にできているという恵まれた状況にあるといえます。

好きなことができているのは選手たちも同じ。ただ、合宿で連日厳しい練習をしていると、時に精神的に弛緩してしまいます。そんな時、私は「変化球」として選手たちの気持ちを上げるための映像などを見せることがあります。

例えば、東京オリンピックの前には女子の選手たちに格闘技・UFCのコナー・マクレガー選手の「相手のパワーとスピードを、自分の正確でタイミングの良いパンチが凌駕したんだ」という言葉を紹介しました。彼の言葉は、正確なプレーで相手の大きさなどを上回る日本のバスケットボールのスタイルと共通するところがあったからです。

また、某スポーツアパレル会社のテレビCMも見せました。このCMにはNBAのケビン・デュラント選手（NBAフェニックス・サンズ）が出ていて、「Rise, Grind, Shine」というキャッチフレーズが用いられていました。Rise は「起きろ」、Grind は「磨け、精を出せ」、そして Shine は「輝け」という意味です。これには、目を覚まして日々の厳しい練習をこなし、試合でその成果を出して輝くのだ、というメッセージが込められています。私はこれを見せながら、選手たちに「私たちはどの国よりも厳しい練習をこなしてきた。試合でその成果を出そうじゃないか」と語りかけました。

もっとも、先にも記した通り、このレベルの選手たちは、こちらが手を差し伸べなくてもモチベーション高くコートに立つ者ばかりです。ですから、言葉や映像を紹介する試みも、さほど頻繁に行っていたわけではありません。

他方、時にチームの外から自分たちのモチベーションに影響する要因がもたらされることがあります。

2022年7月のアジアカップ。私が前年9月に男子代表ヘッドコーチとなってから、なかなか成果があがりませんでしたが、ようやく自分たちのスタイルに手応えを感じられた大会となりました。

私たちは準々決勝で優勝を果たしたオーストラリアに敗れました。しかし、この試合では21点にまで広げられた点差を、第4クオーターに富永選手のスリーポイントなどでオフェンスが爆発し、1桁にまで詰めてみせました。

私は試合後、負けたにもかかわらず、「気分は悪くない」とコメントしましたが、オーストラリアのヘッドコーチからも「日本は私たちがついていけないほど選手もボールも速く動いたし、ファイトぶりは特別で、最後はひやりとさせられたところがあった」と賛辞と呼べる言葉がありました。

相手チームからそのように評価をされるというのは、非常に大事なことです。なぜなら、それは自分たちをリスペクトしてくれていることの証左だからです。**リスペクトを得られるということは自信になりますし、モチベーションにもなるのです。**

ワールドカップでは、ドイツのゴードン・ハーバート・ヘッドコーチが私たち日本のことはスカウティングしていないと言っていたそうですね。直接聞いたわけではないので、実際に彼がそう口にしたのかどうかは定かではありませんが、もし本当であれば、私たちをリスペクトしていないということになります。

ですから、私は選手たちにそれを伝えました。そのことで彼らの気持ちに火がつきますし、戦うモチベーションになるわけです。

「心地よさ」に安住させない

私は代表活動がない時にはアメリカへ戻り、NBAやWNBA、大学のチームなどに赴いて練習を見学させてもらっています。一義的には各チームがどういった練習をしていて、何か参考になる手法や戦術がないかを見ているのですが、コーチが選手たちとどのようなコミュニケーションを取っているかも気になります。

コートに立つ5人が攻守で連携し、この10年で4度も王者となっているゴールデンステート・ウォリアーズは、私がNBAでよく見るチームの1つです。同軍を常勝軍団としたスティーブ・カー・ヘッドコーチの手腕に関心を払っています。

カー・ヘッドコーチは頭が良く、バスケットボールの戦術に長けているだけでなく、非常に優れたコミュニケーターで、人間として魅力のある人物です。彼が戦術に優れ、多くの有能な選手がいるというだけでは、競争の激しいNBAで何度も頂点に立つことはできません。カー・ヘッドコーチが卓越したコミュニケーターであるからこそ、なし得たことです。

同じことはフィル・ジャクソンさんにもいえます。彼はシカゴ・ブルズとロサンゼルス・レイカーズのヘッドコーチとして計11度のNBA王者となっています。もちろん、ブルズにはマイケル・ジョーダンが、レイカーズにはコービー・ブライアントというスーパースターがいましたが、エゴの強かった両軍を束ねて勝利に向かわせることができたのは、彼のコミュニケーター、モチベーターとしての力量があってこそでした。

数多くのコーチの指導法を見学させてもらいましたが、チームの熱量を上げることに長けているという点でとりわけ印象深かったのは、ミシガン州立大学で長年指揮を執っているトム・イゾー・ヘッドコーチです。

8年ほど前のことです。私はミシガン州立大学の練習を見学したのですが、彼の指導ぶりはあまりに強烈でした。選手たちが5対5の練習をしている中、片方の側のポイントガードが速攻でボールを運ぶ後ろからイゾー・ヘッドコーチも走ってついていくのです。そして、相手のディフェンスがポイントガードの前に立ちはだかると、その選手は走るのをやめるわけですが、するとイゾー・ヘッドコーチはそこに倒れ込んでしまいました。

私は最初、彼が何をしているのかわからず唖然としてしまったのですが、それが彼のエネルギーを全開にしたやり方だったのです。イゾー・ヘッドコーチは2000年にNCAAトーナメント（全米大学選手権）で優勝を果たし、すでに殿堂入りもしています。しかも、私が見学した時の彼はすでに60歳を超えていたはずです。イゾー・ヘッドコーチの指導法には本当に驚きましたし、私には到底、彼のようなことはできません。

コーチがモチベーションを上げてやらなくても、プロや代表チームでプレーするような選手は皆、それぞれ戦う理由を持っています。ですが、**選手たちを自分たちのコンフォートゾーン=心地のよさに安住させず、追い込んだり、エネルギーを出させたりするのはコーチの役目であるといえます。**

私の場合は選手たちに檄を飛ばしながらチャレンジさせる方法を取りますが、コートを選手たちと一緒に駆け回るイゾー・ヘッドコーチのやり方もまたチームの熱量を上げる指導法なのではないでしょうか。

手段は十人十色ですが、チームにエネルギーをもたらしながら成長を促すことは、リーダーの極めて重要な仕事です。

1

佐々宜央［バスケットボール男子日本代表アシスタントコーチ］

ふてくされた態度は許さない真のポジティブシンカーです

僕がトムさんと知り合ったのはひょんなきっかけからでした。今から10年ほど前でしょうか。僕は当時、宇都宮ブレックスのアシスタントコーチをしていて、トムさんはJXサンフラワーズ（現・ENEOSサンフラワーズ）のヘッドコーチでした。腰のヘルニアで入院をしたばかりの僕に、ほとんど面識のなかったトムさんから「自分も現役の時に腰で苦しんだからつらさがわかるよ」という励ましのメールをもらったのです。

そこから食事に行ったり、バスケットのいろんな話をするような仲になりました。そして、トムさんが男子日本代表のヘッドコーチになる時に、僕が英語を話せるということもあってか、「手伝ってもらえるのであれば手伝ってほしい」と誘われ、代表チームのアシスタントコーチになったわけです。

この本はバスケットボールファンだけでなく、トムさんのチームビルディングの考え方などを広く一般の方にも読んでもらうような内容だそうですね。組織のリーダーとし

column

佐々宜央　バスケットボール男子日本代表アシスタントコーチ

ふてくされた態度は許さない
真のポジティブシンカーです

てのトムさんを語るとなると…いっぱいあるんですけど、まず「父親」のイメージが強いのかなというのがあります。僕も昭和生まれですが、トムさんは厳しくて怖さもあるし、ちょっと調子に乗ったり、日常生活でも適当なことをしているとピリっとしたことを言うし、その一方ですごい愛情をもってフレンドリーに選手たちと話をします。優しさと厳しさのバランスに優れている人だなと僕は感じています。

言い換えれば、「アメとムチ」ということになりますが、正直、トムさんが計算してやっているとは思えないんですよ。怒る時は理由があって怒っていますし、そこに変な駆け引きはない。表裏がないんです。だからこそ、彼と選手たちには誠実な関係が成り立っていると思います。

トムさんの代表チームで働き始めて3年ほどが経ちますが、最初は僕も怒られました。チームスタッフとして、異なる意見を持つことは必要だと思っています。ただ当初、僕としてはそれをどこまでストレートに彼に話していいのかの見極めが難しく、気を使っていた部分があって、おそらくそれが表情に出てしまっていたんでしょうね。すると、トムさんが「佐々、なんで今そんな顔をしてるの」と。声を荒らげるわけではないですが、なんか怖いですよね（笑）。

トムさんからは「何かあるんだったら話してください」と言われました。トムさんはマイナスなボディランゲージがあまり好きじゃないんです。選手たちもマイナスの感情を態度で示すことが多い。ふてくされる、みたいな。でも、トムさんはそういう態度を絶対に許さないんです。ふてくされるくらいなら何か言ってください、と。

もちろん、ボディランゲージも伝える手段の1つではあるのですが、悪いボディランゲージをトムさんはすごく嫌います。代表の選手たちも最初は、それで叱られることが多かったですね。選手たちの多くは、相手の目をまっすぐに見て話すのが苦手。でも、トムさんは目を合わせないと「なんで目を見て話さないんですか」と言います。自分に対して不信感があるんですか、というような。そういうのは僕の中でも印象深いですね。「相手の目を見て話しましょう」などと明文化したら、固くなってしまうし、それをルールにしているわけではありません。ただ、トムさんはそういうことを自然にやって、それをスタンダードとして、選手、スタッフに強く求める。だから、日本代表が規律のあるチームになったのではないかと僕は思っています。

それから、トムさんは怒っているところをメディアで取り上げられるので、感情的なコーチだと思われがちだと思うのですが、選手に何か厳しいことを言った後、僕などにも「あれはちょっと言いすぎたかな」と聞いてくるんですよ。選手たちが自分の言うことをどのように受け止めているのかという点をすごく意識している人です。そこは、みなさんがあまり知らない面かもしれませんね。

僕らも選手と真摯に向き合うコーチングに努めていますが、トムさんはそれを日本語

column

佐々宣央　バスケットボール男子日本代表アシスタントコーチ

ふてくされた態度は許さない
真のポジティブシンカーです

と英語でやっています。例えば、ワールドカップのオーストラリア戦で、河村勇輝選手に「いや！　言い訳！」と日本語で叱っていた場面がありました。この時も「言いすぎていないか」と僕に確認してきました。それほどトムさんは一つひとつの言葉の使い方を気にしていますし、だからこそ素晴らしいコミュニケーターなのだと思います。

トムさんは僕らのようなアシスタントスタッフに対して、時間を追うごとに、より信頼を寄せてくれるようになりました。実際、僕らにBリーグで何が起きているのかといったことを常に聞いてきますし、何か新しい戦術などを取り入れようとする際にも、僕らに相談してきます。ワールドカップでも、僕らが「こちらの守り方のほうがいいかもしれない」などと進言すると、「それでいこう」と言ってくれることもありました。ヘッドコーチは絶対的な存在で、アシスタントたちは自分の仕事だけをしていればいいという専制的なタイプではないです。

コート外では、食事の時間が僕にとって非常に貴重でした。トムさんもリラックスして、他愛のないこともいろいろ話してくれました。そんな会話の中で、トムさんの人柄をよく知ることができたと感じています。

2023－24年シーズンは僕が宇都宮ブレックスで指揮を執る2年目のシーズンでしたが、代表でトムさんと仕事をして、彼のスタイルを取り入れるようになりました。学んだことの中で一番は何かと問われれば、やはり「チームビルディング」の方法でしょうか。チームスポーツでは今、様々なデータが収集・分析され、全員で共有されるようになっていますが、トムさんの場合、「こんなにやらなくていいのかな」と心配になるほどミーティングが少ない。でも、一方で、トムさんは選手たちと1対1でよく話しているのに気づいたんです。毎日、練習前にみんなのところに行って、「おはようございます」と言いながら、いろんなことを話しています。

それに対して僕はミーティングをたくさん開き、仕事をしている気になっていたのかもしれないと思いました。全体ミーティングでは、個々の選手のマインドに深く届けるのは難しいですよね。やはり、1対1で話すことがすごく大事だと思い知らされました。

それから、トムさんはすごくポジティブな人です。近年「ポジティブシンキング」という言葉をよく耳にしますが、トムさんのそれは「物事をポジティブに考える」というより、「ポジティブなビジョンに向けて行動する力」という感じです。だから僕の中では、トムさんは真のポジティブシンカーですし、そういう人に出会えたというのは人生の中でとても大きなことです。

Profile

さっさ・のりお◉1984年5月、東京都生まれ。国内トップリーグで指導歴を重ね、2022−23年シーズンから宇都宮ブレックスのヘッドコーチ。男子日本代表チームでのコーチ歴も長く、2023年ワールドカップでもトム・ホーバス・ヘッドコーチの下でアシスタントコーチを務めた。

第2クオーター　組織づくり

勝つための
ルールを共有し
プロフェッショナルが
競い合う

The
second
quarter

前章では、私のチームづくりにおける哲学、考え方を紹介してきました。「第2クォーター」では、男子日本代表チームでの実際の事例を基に、哲学を具現化するための鍵となる組織のあり方について記していきたいと思います。

ヘッドコーチの哲学やビジョンを実現するためには、まず信頼のおけるコーチングスタッフを固める必要があります。ヘッドコーチ1人ではチームはつくれません。選手の役割分担の話は前述しましたが、コーチングスタッフにもそれぞれ明確な役割があります。能力だけでなく、異なるキャラクターがかけ合わさると、素晴らしい〝化学反応〟が生まれる場合が多い。そうした私の過去の経験も踏まえて、男子代表のコーチ陣は様々な個性がミックスされた構成となりました。

コーチの組閣をしたら、日本代表チームにおいて最も重要になる選手選考にとりかかります。どこにどんな人材がいるのかを把握し、ケガの状態や各選手のモチベーション、バックグラウンドを確認します。また、私のチームに合う能力を持つ、あるいは持ちそうな若い才能をいかに探し、鍛えていくかという作業も必要になってきます。

もちろん、私たちの場合、海外でプレーする選手たちとのコミュニケーションも大変重要になってきます。

コーチと選手の架け橋となるキャプテンの存在も、私は重視しています。後に紹介しますが、私はキャプテンを中間管理職的なポジションに位置づけます。チーム全体の規範となるような役割を求めるのです。

私はチーム全体として目線を高く保ち、競争しながらも互いを助け合うような集団をつくりたいと考えています。世界の強豪に勝つため、日本は他国のチームよりハードワークをしなければいけません。そのためには厳しい練習が必要で、当然ですが強いストレスがかかります。時に意見がぶつかり合うこともあります。強い相手に敗れて自信を失い、チームがうまく回らなくなる時もあります。

それでも、目指す方向に向かってそれぞれが役割を果たしていく。そんな関係性を築くために、家族のような結束と信頼が必要になってきます。

女子日本代表のメンバーもそうでしたが、私は様々な苦難をともに乗り越えたスタッフ、選手たちのことを「ファミリー」だと思っています。私は彼ら、彼女らに「ビリーブ」という言葉をよく使います。私は選手たちの可能性を信じて、成長を促します。私が実際に見て選んだ選手たちですから、口だけでなく本当に心からメンバーの力を信じています。チームが強くなっていく手応えを実感すれば、選手たちは私たちコーチのことをより信じられるようになります。「自分たちはできるんだ」とチームを信じられなければ、強豪に勝つことはできません。

そんな好循環をつくるために私が心がけていること、実践していることをこれからお伝えしたいと思います。

多士済々のコーチングスタッフ

私を支えてくれる男子日本代表のコーチングスタッフは素晴らしいグループだと自負しています。コーチ陣はみな英語を話すことができて、豊富な国際経験を持っています。

アシスタントコーチの佐々宣央さん（宇都宮ブレックス・ヘッドコーチ）はとても

エネルギッシュで、燃えるような男です。

彼は働き者です。代表活動中も、練習拠点としている東京の味の素ナショナルトレーニングセンターと彼のチームがある栃木をしょっちゅう往復していました。実は、沖縄でのワールドカップの期間中も、自分のチーム練習に2度戻っていました。とてもクレイジーな仕事ぶりですが、彼は元気な顔で代表チームに戻ってくる。そして、「日本代表でやっていることを、ブレックスでもやっている」とうれしそうに話していました。私はそういう情熱的なコーチが好きですし、元気を発散してくれるキャラクターがスタッフの中にいるのはとても良いことだと思っています。

佐々さんは以前も男子日本代表のコーチをしていて、私も彼の存在を知っていました。初めて会った時に彼は腰を痛めていたので、それが少しでも良くなるように腰痛に効果のある治療法が掲載されている本をあげました。それが私たちの関係の始まりでした。

もう1人のアシスタントコーチ、勝久ジェフリーさん（川崎ブレイブサンダース・アシスタントコーチ）は非常に知識が豊富で、賢い人物です。映像を見て、相手や自分たちをスカウティングする力は素晴らしい。詳細に課題を抽出してくれます。

彼はとても素晴らしい通訳でもあります。本来、彼に通訳の役割をしてもらおうと考えていたわけではなかったのですが、私の言葉を正確に選手たちに伝えてくれてとても助かっています。

ジェフリーのことも以前から知っていて、とても誠実なナイスガイであることはわかっていました。ゲームに関する様々なことを理解しているから、私に対して数多くの質問をしてくれます。そうした問いかけの一つひとつが私の思考を整える助けになっています。

そして、アソシエイトヘッドコーチを務めているコーリー・ゲインズとは長い付き合いがあります。彼は私の良き相談相手であり、また私とは正反対のタイプの人物でもあります。彼は私とは違って、細かいことを気にしないタイプです。でも、だからこそ、私は彼を日本代表に呼んだのです。

コーリーはオフェンスの陣形について様々な知見があり、指導方法を持っています。私はこれまでオフェンスよりディフェンスを徹底させることに力を入れていました。

が、最近は彼の影響もあって、攻撃についてもよく考えるようになりました。

秋田ノーザンハピネッツのヘッドコーチを務めている前田顕蔵さんのことも紹介させてください。彼もある時期まで、チームを手伝ってくれていました。前田さんは2022年秋に奥様が病気で旅立たれるという不幸があってチームを離れることになりました。しかし、彼はディフェンスの達人で、多くの知識をチームにもたらしてくれました。彼の貢献にも感謝しています。

このような異なる個性が混じり合っていることが、このコーチ陣の強みです。濃密な時間を重ね、率直な意見交換を行うことで、私たちの関係性はどんどん向上しています。**複数の選択肢の中から最終的な決断を下さなければならないヘッドコーチの仕事は、孤独と隣り合わせではあります。しかし、私は自分1人で仕事を抱えないように意識しています。**

コーチングスタッフとの信頼関係が強固になってきたからこそ、私は多くの仕事を彼らに与えることが上手になってきたと思っています。その結果、チームでできることが増えるようになったのです。

佐々さんやジェフリーが相手チームを分析して、対策のためにどんな練習をするかを一つひとつのセッションに落とし込みます。**今までやってきたことと同じことはなるべくしたくないので、彼らが持っている新しいメニューを積極的に取り入れています。私は常に前例にとらわれず、新しいことに挑戦していきたいのです。**

私は女子日本代表を率いていた時から、統計データを用いて試合を進めていく「アナリティック・バスケットボール」を掲げています。統計とは分析に基づいた数字であり、集積したデータを整理したものです。効率的に戦うために、それらはとても重要な指標になります。

代表チームでは、テクニカルスタッフの冨山晋司さんをはじめとする優秀なメンバーが試合から必要なデータを集めてくれています。NBAと比べれば最低限のラインではありますが、バスケットボールの分析で最も重要とされる4つのファクター（eフィールドゴール率、ターンオーバー率、オフェンスリバウンド率、フリースロー率）を中心にデータをまとめてくれます。

ただ、データがそのままコーチになるわけではありません。あくまでも、私たちは最高のチームをつくるためにデータを使っています。

代表チームのように短期間で集中的にチームづくりをする場合、私の考えを瞬時に理解し、形にすることができるコーチングスタッフは不可欠な存在です。ともに練習を組み立て、試合の時に必要な助言を与えてくれるコーチはもちろん、分析、メディカル、広報など、あらゆる分野のプロフェッショナルが集まって、ワールドカップやオリンピックのような大きな大会に臨みます。

NBAでの経験も長いスポーツパフォーマンスコーチの佐藤晃一さんとは、日常的にコミュニケーションを取っています。アスレチックトレーナーの一柳武男さんとは選手の健康状態に関する最新情報を共有しています。

一柳さんをサポートするトレーナーの古澤美香さんのことは実は15年前から知っているんです。彼女がENEOSに在籍していた時に初めて会い、今回、男子日本代表チームで再会しました。彼女とはいつもジョークを言い合う関係です。

チームマネージャーの西村拓也さんとは、試合や大会のかなり前から様々な日程に関する打ち合わせをしています。彼は宿泊や移動、選手の食事から代表メンバーのリスト作成に関する様々な手配までを担当してくれています。私にとってのコミュニケーターといえる存在です。ほかにも、ここには名前を挙げられなかったたくさんのスタッフによって、私たちの活動は支えられているのです。

国際大会では、日本バスケットボール協会のバックオフィスとしての機能も問われてきます。当たり前の話ですが、戦っているのは選手だけではないのです。

なぜ「2人の小さな司令塔」なのか

2023年夏に行われたワールドカップで、私はコート上の「司令塔」であるポイントガードに、167センチの富樫勇樹選手（千葉ジェッツ）と172センチの河村勇輝選手（横浜ビー・コルセアーズ）を選びました。

平均身長が190センチ台後半のチームが多い中で、小さな選手2人を入れるのは特にディフェンス面で不利とされ、世界的にも珍しい編成でした。

実は、私も初期の段階では小さなガードを2人も入れるとは考えていませんでした。しかし、2人はともに素晴らしい選手です。何より彼らは、私たちのチームを速く走らせてくれるのです。私たちがもし速くプレーしなかったら、ほかのチームと変わらない、普通のチームになってしまいます。ゆっくりとしたリズムで、ハーフコートでのバスケットを展開していたら、小さな私たちはいつまでもアドバンテージを握れません。

そこで私は考え方を変えました。

私たちはとても小さい。ならば、足を動かし、相手にプレッシャーをかけ続ける。それができれば、小さいこともプラスになります。相手の高さに対抗するために、それに見合ったマッチアップを考えるのではなく、毎秒毎秒、相手に圧力をかけていくことに力を入れるようにしたのです。

世界の強豪チームには身長2メートルを超すポイントガードもいます。彼らは高さに優位性を見いだして、私たちに攻撃を仕掛けます。そういう相手に得点を取られるのは、ある程度仕方ありません。

しかし、富樫選手も河村選手も、得点を奪えて、アシストもでき、チームの攻めのペースを上げて、攻撃回数を増やすことができます。どんな選手にもプラスとマイナスがあります。私は彼らのプラスの面に目を向けて、チームづくりをすることにしたのです。

ワールドカップで戦ったドイツやオーストラリアのようなチームは、体のサイズの優位性を生かして得点を奪いにきます。でも、私たちはスピードを生かして得点を狙います。日本は他のチームと違う戦い方をしているだけなのです。この考え方はビジネスの世界にも応用できるかもしれません。

もし、相手が私たちのスピードを止めるために何らかの対応をしてきたら、その時点で私たちの勝利なのです。私たちは相手に合わせません。私たちの強みは極端になれることです。強みを際立たせるために、リスクを取って何かを捨てることができるチームは、ほかにはあまりありません。

歴史的勝利をあげたフィンランド戦は良い例です。第4クオーターに爆発した私たちに対して、彼らはどうしていいかわからず、河村選手のマークにエースのラウリ・

マルカネン選手（NBAユタ・ジャズ）をつけ始めました。その光景を見て、とてもクレイジーなことだと思いました。

マルカネン選手は状況に応じて、マークする人間をスイッチ（交代）すると思っていたけれど、そうはしませんでした。本来はゴール周辺を守るマルカネン選手を、河村選手がいるスリーポイントラインの外側にまで引き出したのです。つまり、ゴール下の脅威が減り、私たちが攻めることのできるスペースが広がった。私たちのスピードが試合に大きな影響を与えたのです。

NBAのポイントガードは全体的に大型化しています。でも日本のBリーグを見渡しても、サイズの大きな司令塔は多くありません。例えばD・J・ニュービル選手（宇都宮ブレックス）はとても良い選手ですが、日本人ではありません。

ワールドカップ前には、190センチの西田優大選手（シーホース三河）をポイントガードにコンバートして練習試合で何度か試しました。188センチのテーブス海選手（アルバルク東京）も起用しました。彼らはディフェンスで良い点があったのですが、オフェンス面でチーム全体のスピードが落ちてしまうというデメリットがありました。

ポイントガードを大きくすることが、私たちにはできません。でも、だからといって、ヘッドダウンする必要はありません。**違う方法で効果的な戦い方を模索すればいいのです。私たちは決して泣き言を言いません。**日本代表が大きくても動きの遅いポイントガードを入れたら、逆にチームのアイデンティティーがなくなってしまうと考えればいい。

2人のガードだけではありません。例えば、馬場雄大選手（長崎ヴェルカ）だってスモールフォワードとしては国際的には小さい。でも、怖がることはありません。私たちはスピードで優位性を保ち、スペースをつくることができます。周りと違う戦い方をすればいいんです。

相手を怖がっていたら良いプレーはできません。私たちのチームに必要なのはメンタルタフネスです。その点、川真田紘也選手（滋賀レイクス）の闘志は素晴らしいものがあります。チームを鼓舞してくれます。

前述した通り、サイズの小ささゆえにディフェンス面に課題があることは百も承知しています。相手が私たちの小さなガードを押し込んで力任せにゴール下に迫りたいのなら、どうぞやってくださいと私は言いたいです。私たちには、味方同士で連動しながら防御していく「ローテーション」の速さがあります。防御でもそうやって速さと運動量を使い、相手の優位性を奪っていけばいいのです。

保険ではなく、オプション

大会で12人のメンバーを選ぶ時、私は基本的にポイントガードを3人必要としています。実は、ワールドカップの3人目は90％の確率でテーブス選手だと思っていました。でも、彼はワールドカップ前に調子を落としてしまいました。

一方で、西田選手は練習から素晴らしいプレーをしていました。特にボールを持っている選手に対してのディフェンスが良かった。フィジカルに対応できるし、足もよく動いていました。だから、西田選手はポジションを勝ち取ったのです。

富樫選手と河村選手で、ドイツの司令塔のデニス・シュルーダー選手（NBAブルックリン・ネッツ）や、オーストラリアのジョシュ・ギディー選手（NBAオクラホマシティ・サンダー）を抑えることができないとなったら、ディフェンス能力に長けた西田選手がその対応に適していると思ったのです。

ただ、実際にはワールドカップが始まった頃に、西田選手はボールを運んで試合を組み立てることに不安を感じてしまった。そこで、自信をなくしてしまった彼に、本番では短時間しかプレー機会を与えることができませんでした。

河村選手はワールドカップが初のトップレベルでの世界大会でした。当初はポイントガードとして経験値の不足を懸念していました。私は特に彼のディフェンス面でのフィジカルの強さを気に入っているのですが、どうプレーするかは正直なところわからない部分もありました。

それゆえ、大きな体を持つポイントガードも必要だったのです。保険をかけるという言い方は好きではありません。しかし、富樫選手や河村選手とは違う、別のオプションも必要でした。河村選手が大会を通じて素晴らしいプレーをしてくれたので、結果的に当初の心配が杞憂に終わったことは、私にとってはうれしい誤算となりました。

ヘッドコーチをしていると、想定通りにいかないことも多々あります。ワールドカップ前にはケガ人もたくさん出ました。小さくて速い、極端なチームづくりに振り切る一方で、相手とのかみ合わせも考えて、プランB、プランCに対応できるバランスの取れた編成にするよう模索することも私の仕事でした。

"原石"に目を光らせる

私が男子日本代表のヘッドコーチになってから、若手選手を集めた「ディベロップメントキャンプ」を複数回開きました。若手の発掘、育成のための合宿です。ワールドカップでは、河村選手のほか、吉井裕鷹選手(アルバルク東京)、井上宗一郎選手(越谷アルファーズ)らがこのキャンプからメンバーに入りました。

身長196センチの吉井選手はフィジカルが強く、メンタルもタフな選手です。ディフェンスで大柄な外国選手に対しても決して引き下がらないし、性格も積極的です。

私は彼がプレー中に発散するエネルギーがとても好きです。オフェンス面でも、スペースに入り込んでパスを受けるカッティングがうまいのです。

井上選手は201センチと体格が大きく、さらに素晴らしいシュートを持っています。彼を起用したワールドカップのアジア予選や、主要大会で88年ぶりの勝利を挙げた2024年2月の中国戦など、スリーポイントシュートを連続で決めてくれた試合もありました。2人はリバウンドも果敢に取りにいってくれます。

私は、外からのシュートが得意なビッグマン、相手のディフェンスを外側に広げさせることができる「ストレッチ4」と呼ばれる役割を担える選手を求めています。吉井選手は主にディフェンスで、井上選手は主にオフェンスで、それにぴったりと当てはまる選手でした。

ディベロップメントキャンプを開く時、私は佐々さんやジェフリー、日本バスケットボール協会技術委員長の東野智弥さんに頼っています。彼らは長く国内リーグを見てきて、私よりも選手たちのことを知っているし、国内の事情に詳しいからです。

「3番（スモールフォワード）でサイズのある選手は？」「4番（パワーフォワード）

で動ける選手はいますか？」と私が問いかけると、彼らは「じゃあ、この選手はどうだ」「彼なんかいいんじゃないか」と示してくれます。

試合のスタッツ（個々の選手やチーム全体のシュートやアシストなどの数値）だけではなく、その選手のキャラクター、例えばディフェンスで苦しい時に足は動かせるのか、といったことも聞きます。**そうやって選んだ選手たちをキャンプで競わせて、日本代表に呼ぶ適性があるかどうかを見極めていくのです。**

大学生を対象にしたキャンプも行いました。大学のトップコーチたちに協力してもらって、若手の才能を見て回りました。金近廉選手（東海大→千葉ジェッツ）、三谷桂司朗選手（筑波大→広島ドラゴンフライズ）は、そこから日本代表合宿に引き上げた選手です。

196センチと上背があり、シュート力もある金近選手はすでに日本代表でデビューしています。素晴らしい才能を持った選手であることに疑いの余地はありません。三谷選手はリバウンドが取れて、パスもシュートもできます。常に正しいプレーを選択できるので、とても興味深い選手です。ほかには、脇真大選手（白鷗大→琉球ゴールデンキングス）も気になりました。大胆不敵で、恐れを知らないところに目が行きました。

もちろん、まだまだ鍛える必要はありますが、日本には楽しみな若手が大勢います。

ワールドカップ後には、Bリーグで活躍していた阿部諒選手（仙台89ERS）を日本代表合宿に初招集しました。彼は得点、アシストとリーグで素晴らしいスタッツを残していたし、184センチとサイズもそれなりにあって、何でもできる選手です。今村佳太選手（琉球ゴールデンキングス）はゴール下に切れ込んでいく技術に向上が見られたので、代表に呼び戻しました。実際に一緒に練習をしてみて、精神的な成長を感じました。

ワールドカップ後はなかなか会場に行くことはできていませんが、映像で気になる選手は常にチェックするようにしています。Bリーグで結果を出している選手、成長が感じられた選手にはチャンスを与えるよう心がけています。

代表の中で競争する環境をつくるためにも、国際舞台で活躍できる可能性を秘めた選手たちの存在を把握しておく必要があります。だから、私はBリーグ以外でプレーしている大学生やアメリカなど海外で挑戦している若手にも目を光らせます。選手からしても、日本代表ヘッドコーチに見られているという自覚を持つことで、一つひとつのプレーの質が格段に高まると思っています。

吉井選手や井上選手の抜擢は、みんなを驚かせようという意図があったわけではありません。彼らはチームに必要なものを与えてくれるのです。チームを助けてくれます。私はできるだけ最高の選手を探して、最高のチームをつくりたいだけなのです。**大切なことは、ヘッドコーチである私がオープンな姿勢で選手の力を見極めることです。**

私の好みや、過去の実績は関係ありません。チームが必要としている能力を持っている選手かどうかを公平な目でジャッジします。迷った時は、その人のキャラクターを見ます。そして、チームのために変われるかを聞きます。そうした会話から、成長するために必要な素直さを持っているかを判断します。

チームとのケミストリー（相性）に関しても慎重に観察します。私たちはお互いを好きになって、お互いのためにプレーできる選手が必要なのです。セルフィッシュな選手はいりません。

吉井選手と井上選手は日本代表に選ばれてからも、所属チームでなかなか出場時間を得られませんでした。Bリーグではパワーフォワードやセンターのポジション、つまりビッグマンの役割の多くを外国人選手に託しています。ワールドカップの経験を経て、2人は少しずつ出場時間を増やしているものの、各チームのコーチが求める最高のレベルにはまだ達していないということです。

このような状況になってしまうのは、それぞれのコーチの責任ではないと私は思います。リーグや各クラブが、日本人選手にもっとスポットライトが当たるようなチーム編成やリーグ設計に変更する必要があるのではないでしょうか。そうすれば、コーチはもっと彼らのような選手を使う機会を増やすはずです。

言わずもがなですが、彼らが試合に多く出て経験値を伸ばすことは、日本代表の強さにつながっていきます。もちろん、一番はどんな状況であろうと彼ら自身が成長して出場機会をつかんでいくことが大切です。彼らはチームガイで、特にどうやってディフェンスをすればいいかを知っています。だから、いずれ状況を好転させることができると信じています。

いずれにせよ、原石のような選手を日本代表に入れて光を当てることができたのは、日本のバスケットボール界のポテンシャルを示す良い機会になりました。

チャンスは一度きりではない

原石という点では、川真田選手のことも紹介しておいたほうがいいでしょう。彼はワールドカップの半年前、いわゆる「練習生」として日本代表の合宿に呼びました。204センチ、110キロと立派な体を持っていましたが、試合経験に乏しかった。粗削りという言葉がぴったりな選手でした。

彼にはたくさんの課題がありました。実績も足りませんでした。それでも、少しずつ欠点を克服し、与えられたチャンスで結果を出しました。彼の成長は本当に素晴らしかった。

私は招集した選手たち全員を信じています。代表チームというのはベストの中のベストの集まりであって、もし誰かがケガをしたら、ほかの誰かがステップアップしなければいけません。川真田選手もその1人です。彼はジョシュ・ホーキンソン選手（サンロッカーズ渋谷）がワールドカップ前にケガをしていた時にセンターのポジションで成長を続け、予想を上回るプレーで私たちを驚かせてくれました。

2022年、最初に日本代表候補の合宿に呼んだ時、彼は子どものようでした。練習前、バスケットシューズの靴ひもを結んでいませんでした。集中力がなく、ボディランゲージはとても悪かった。朝の練習の前、私は彼を含む何人かの若手選手たちに注意しました。「あなたたちはプロフェッショナルではない。集中が全然できていません」と。

私はキャンプの後、川真田選手と話しました。だいたい普通なら5分くらいでミーティングは終わるのですが、この時は30分近く話しました。

私は「あなたは時間を無駄にしている。バスケットボールだけではない。今のままだと、あなたの人生を無駄にしてしまいます。（恵まれた体格を含めた）持っているものすべてを無駄にすることになります」ときつい言葉を投げかけました。そして、「あなたはどんな選手になりたいですか？　どんな人間になりたいですか？　あなたが変わるまで、私はあなたを合宿には呼びません」と伝えました。正直に言って、私は感情的になっていました。彼には大きな可能性があるのに、もったいないという思いが強かったのです。実際、その後2回ほど、彼を合宿には呼びませんでした。

当時、滋賀で川真田選手とチームメートだったテーブス選手にも「彼はこのチャンスを無駄にしている」と伝えました。彼の姿勢を変えるには、普段の生活から変わるしかないと思ったからです。

翌年2月の合宿に彼を再招集した時、彼は別人のようになっていました。練習への準備がばっちりとできていたのです。もちろん、靴ひももきちんと結ばれていました。私はテーブス選手に謝意を伝えました。すると、彼は言ったのです。「彼を変えたのは僕じゃない。滋賀のチームメートが、滋賀というチーム全体が、彼を変えたんです」。

その後の川真田選手の頑張りは素晴らしいものでした。韓国遠征では圧倒的なアウェーの環境の中で闘志を表に出して、日本を勝利に導いてくれました。明るいキャラクターでチームメートに愛され、メディアの皆さんにも気に入られています。変化を受け入れたことで、彼の人生が変わったのです。

チャンスは一度きりではありません。人間は変わることができるのです。それを、川真田選手は自身の成長で示してくれました。

キャプテンに必要な2つの要素

2021年11月、男子日本代表ヘッドコーチとなって初めての国際試合となった中国戦から、このチームのキャプテンは富樫選手が務めています。

選手たち全員が彼をリスペクトしているように感じたのが第一の理由です。NBA選手である渡邊雄太選手（メンフィス・グリズリーズ）も八村塁選手（ロサンゼルス・レイカーズ）も、アメリカでのプレー経験のある馬場選手も、彼に一目置いていました。彼があの小さな体で長く国際舞台で戦っていること、若い頃からアメリカで挑戦してきたこととも無縁ではないでしょう。仲間から敬意を集めることは、キャプテンとして重要な要素の1つです。

もう1つは、彼は変わる必要があったということです。富樫選手はコート上では勝負強くて賢い選手ですが、普段はクールなキャラクターです。態度や言葉で引っ張るタイプの人間ではありませんでした。

東京オリンピックの女子日本代表キャプテンだった髙田真希選手（デンソー アイリス）も物静かで、富樫選手と同じようなタイプです。同じようなキャラクターを狙って選んだわけではありませんが、私はヘッドコーチとして、選手本人ですら知らなかった力を引っ張り出したいと強く思っています。

「キャプテンになればもっとできるようになる。あなたが強くなったら、チームが強くなる」。富樫選手には、そう繰り返し言っています。彼をキャプテンに置けば、彼自身にポジティブな変化が起きるし、同時に私たちのチームにとっても素晴らしいチャンスになると思ったのです。

私はもともと富樫選手のことをよく知っていたわけではありません。でも、直感的に彼がいいと思いました。そこでヘッドコーチに就任した後、千葉ジェッツの試合を

物静かな富樫勇樹選手をキャプテンに起用し、成長を促した　写真：共同通信

見に行きました。

彼に「日本代表でプレーすることに興味がありますか」と聞いたら、彼は「僕を必要としてくれるのですか？」と答えました。私はすぐさま、「１００％、必要です」と返しました。その後の彼は素晴らしかった。彼は日本代表の一員になりたいという意思を態度で示してくれました。

キャプテンに決めたのはもう少し後でした。中国との2連戦の前に、ナショナルトレーニングセンターで初めての合宿をしました。あの時はポイントガードを6人呼んでいたから、1試合にそれぞれ3人ずつ出して、私のバスケットをどれくらい表現できるのか試すことにしていました。

それを伝えた時、富樫選手は少し不満そうなリアクションを取りました。気になっ

て、「どうしてああいう態度を取ったの？」と聞いたら、富樫選手は「2試合ともプレーしたかった」と言ったのです。私は東京オリンピックの後だし、リーグも始まって疲れがたまっているから体調を考慮したんだ、と返しました。

ただ、内心は「ああ、いいな」と思っていました。彼のバスケットボールへの情熱を感じました。彼はずっとうまくなりたい人なんです。私はそういう選手が好きです。だから、その後すぐに「キャプテンをやりませんか。このチームのキャプテンとして、一緒に成長していってほしい」と打診しました。彼は快諾してくれました。

ワールドカップでは第3戦のオーストラリア戦から、ポイントガードの先発に河村選手を起用するようになりました。前の試合のフィンランド戦で大活躍した流れを重視しました。そんな時も富樫選手はチームのことだけを考えていました。私が十分なプレータイムを与えられず申し訳ないと謝っても、彼は「そんなことを気にしていません。チームが勝っていれば、それでいいんです」と言ってくれました。

彼はまさにリーダーです。みんなが彼の言葉に耳を傾けます。素晴らしい精神性の持ち主で、日本代表の試合のこともよく考えています。

人間的にも間違いなく成長しました。最初は仲間が集まるハドルで少ししか話さなかったのに、今はみんなを鼓舞して、チームに必要なことを伝えてくれます。以前は自分のプレー、ポイントガードとしての仕事の視野にとどまっていたのに、もっと広く物事を見られるようになりました。私は彼と二人三脚で日本代表の強化に関わることができて本当に幸せです。

私がキャプテンに求める資質は、みんなの尊敬を集められる人間か、継続して高いレベルのプレーができるかの2点です。私は男女の日本代表のキャプテンに、あまりうまく話せるタイプでない富樫選手と髙田選手を選びました。髙田選手は当時、国内での優勝経験がない選手でしたが、キャプテンを務めて、彼女にもチームにも良い変化が起きました。女子代表はオリンピックで銀メダルを獲得し、もちろん彼女も素晴らしいリーダーに成長しました。

富樫選手も同様です。2人はスピーチがうまい従来型のリーダーだけが必ずしも結果を残すわけではないということを証明してくれました。

『キャプテン・クラス』（サム・ウォーカー著）という本があります。偉大な成果を残したアメリカの16のスポーツチームのキャプテンの資質に焦点を当てた本です。以前、ジェフリーに「何かいい本はない？」と聞いたら、この本を紹介してくれて一気に読みました。

キャプテンは必ずしもベストプレーヤーである必要がないという意見や、チームにとって最も重要なのはキャプテンだという意見は、私の考えるチームやキャプテンのイメージと重なる部分がありました。リーダー育成に興味のある方は、ぜひ読んでみてください。

リーダーシップはシンプルに

私が考えるリーダーシップは極めてシンプルです。ルールは少ないほうがいいと思っています。決められた時間にオンタイムで来る。私が選手ならば、午前10時開始の練習なら9時半には体育館に来て、必要な準備をします。そして10時からの練習に

100％で臨めるようにします。ほかにも努力を続けること、集中力を高く保つことをリーダーには求め続けます。シンプルなフィロソフィー（哲学）のほうが、チームがバラバラにならないと思うからです。

いずれもトップのスポーツ選手だったら当たり前のことと思う方がいるかもしれません。しかし、私が思う当たり前と、隣の人が思う当たり前は違います。互いの「当たり前」を擦り合わせることはそう簡単ではないのです。

日本代表のように、背景の異なる様々なチームから人材を集める場合はなおさらです。それでも同じ絵を見られるようになることがチームづくりの鍵になってきます。だから、シンプルなフィロソフィーを共有し、ファンダメンタル（基盤的）トレーニングを繰り返し行います。代表は招集できる期間が限られているため、一人ひとりの能力を高めることは難しい。しかし、チーム全体を進化させることは可能です。

その中でキャプテンが果たす役割は大きいのです。

キャプテンはコーチと選手の間に入る「中間管理職」の役割を担います。私もトヨタ自動車で働いた経験がありますが、日本の企業でいえば、「部長」のような役割だと思います。

部長はみんなを見渡せる席に座りますよね。チームのみんなと関係を築けて、誰とでも話ができなければいけません。無口だけど良い仕事をする仲間に目を向けなければいけません。当然ですが、経営陣とも話をする必要があります。

バスケットボールに置き換えれば、経営陣（コーチ陣）が決めた方向性を、現場で実行に移すのが部長＝キャプテンの仕事です。多くの責任を担わなければいけないポジションで、とても厳しい仕事が山積みになっています。

だからこそ、何かチームで問題が起きれば、私はみんなの前でキャプテンに問いただします。それが激しい言葉になることもあります。

あるビデオミーティングに富樫選手が1分遅刻したことがありました。私はその場で厳しく問いただしました。「これは君の失敗であり、君の責任だ」と。みんなの前で遅れた理由を聞き、謝罪もさせました。

私は選手の中ではキャプテンに最も厳しく接します。キャプテンの態度がそのチームのスタンダードになるからです。富樫選手はその重責をうまく受け止めてくれているように感じています。

ペンシルベニア州立大学4年の時、コーチ陣は私のほかに同級生2人の計3人をキャプテンに指名しました。率直にいって、私は「最悪だな」と思いました。キャプテンは1人でいい。副キャプテンもいらない。それが私の持論でした。ですから、私のロッカールームでは誰もが自由に発言し、みんながリーダーの自覚をもって、チームにコミットしてほしいと思っていました。

パリオリンピックのキャプテンも富樫選手が務める方向です。そして、もしかしたら渡邊選手もキャプテンにするかもしれない。ワールドカップの時も実質的にはそのような体制でした。彼にはいわゆるゲームキャプテンのような役割を担ってもらうイメージを持っています。

先ほどの持論とは少しずれますが、このチームにとってそれがいいと考えたら、共同キャプテン制を採用するかもしれません。理想に縛られすぎず、状況に合わせて柔軟に考え方を変えていくことも指導者の大切な資質だと思っています。

あえて選手だけのミーティングを

私たちのチームでは試合前、選手だけのミーティングを設けます。その場にはコーチもスタッフもいません。選手だけで話し合うために、私たちはロッカールームから出て行きます。実際にコートで戦う彼らが、互いを信じ、結束するための時間です。私はその機会をとても大切にしています。

私の前に女子日本代表ヘッドコーチを務めていた内海知秀さんが選手ミーティングをやっているのを見て、「すごくいいな」と思っていました。だから、私は女子代表でも男子代表でも、そのやり方を踏襲しました。

その場をリードするのはキャプテンの役割です。実際の試合ではコーチが指示を出さなくても、キャプテンが中心となって戦いを進めていくことが多くあります。ですから、私たちの場合だと富樫選手を中心に、仲間同士の意思疎通を図っていくことは極めて重要です。

このミーティングの10分間ほどは彼らに自由を与えます。何を話しているかは私も知りません。その場では例えば、日本代表デビュー戦となるルーキーに意気込みを話してもらってもいい。ディフェンスの方法について話し合ってもいい。彼らが望むことなら、それでいいのです。**そうやって選手たちの自主性を育てていくことは、コーチがやるべき仕事の1つです。**

ペンシルベニア州立大学でも、選手ミーティングそのものはありました。ただ、それは試合前ではありませんでした。時々、選手たちが「おい、ミーティングしようぜ」と集まってざっくばらんに話し合っていた程度です。でも、日本代表チームは毎試合前に、選手ミーティングの機会を設けています。長丁場のリーグを戦う大学チームと、短いスパンで活動する代表チームの違いはありますが、定期的に選手だけの場をつくる意味は大きいと思っています。

企業でも、上司がいる場と、現場の社員だけの場では話す内容が全く変わるでしょう。バスケットボールチームも同じです。それでも、方向性とやるべきことさえ共有していれば、私たちは同じ絵を見て戦うことができます。選手の考える幅や発言機会を増やし、彼らの自立を促していくことは組織力の強化につながっていきます。

グローバルスタンダードを日常に

目標設定の話は「第1クオーター」に記しましたが、世界で勝つためには普段の練習や生活から高い基準を持たなければいけません。世界最高レベルのチームに勝ちたいなら、グローバルスタンダードを満たし、それを上回らなければいけません。

日本は島国であるがゆえに、バスケットボールに限らず様々な事柄で世界からブロックされているという人がいますが、その考え方は古いと思います。今は誰でもスマートフォンから情報を得ることができます。世界にはたくさんの情報があり、それらはインターネット上でオープンになっています。地理的な問題はもはや言い訳にはなりません。

日本代表にとって、スタンダードを高く設定することは重要です。例えば、自分たちができるベストの戦い方をして、ドイツに負けたとします。そこで私たちは、まだ世界トップのレベルには達していない、でもそこに到達するためのステップは確実に踏めている、というような確認を行うことができるのです。そのプロセスがなければ、チームは前に進めません。

グローバルスタンダードは常に変化します。特にスポーツの世界ではそれが顕著です。トレンドが変わったり、ルールが変わったりすれば、それにいち早く対応しなければなりません。そのために前述したようなグローバルな視点を持っているコーチたちがいます。そして、ヘッドコーチである私が方向性を見失わなければ、正しい道を歩むことができるのです。

私は１９９０年に日本に来て、トヨタ自動車に入社しました。当時の日本は一生同じ会社で働くことが当たり前でした。でも、今は終身雇用制が少しずつなくなってきています。これは良い変化だと思います。働き方に限らず、時代が変われば様々な面で変化が起きるのは当たり前です。

一方、日本ならではの長所は変わらずに持ち続けていると思います。

アメリカと比較すれば、よくわかります。アメリカ社会は個人主義で、競争して周りを打ち負かし、ナンバーワンになることを目指すことが一般的です。日本はそうではありません。集団主義で、できるだけ多くの人をケアしようとするメンタリティーがあります。

バスケットボールに置き換えると、今のアメリカの若い世代の選手たちは自分に合ったチームを探して、どんどん移籍を繰り返します。大学もそうです。移籍を容易にする制度ができてからは頻繁に転校が行われています。

私たちの時代は違いました。ペンシルベニア州立大学からの奨学金を打ち切られたら、選手としてのキャリアがなくなってしまう。だから、どんなにつらくても大学に残りました。それが自分を強くしたと思っています。

もちろん、日本のトップレベルの選手たちも男女とも頻繁に他チームへの移籍が繰り返されるようになりました。ただ、日本には良い意味での辛抱強さが残っていると思うのです。日本人はチームや会社に対して、アメリカ人よりも忠実です。こうした核となる信念は持ち続けなければいけません。グローバルスタンダードの観点から見ても、チームへの忠誠心の高さが、バスケットボールのみならず日本の様々なスポーツの強みになっているのは間違いありません。

今の日本代表には、ホーキンソン選手、渡邊選手、富永啓生選手（米ネブラスカ大学）、富樫選手ら国際経験を持った選手たちが数多くいます。激しい競争社会であるアメリカでのバスケットボールを経験してきた彼らは、練習態度や私たちへの質問を通して、様々なグローバルスタンダードをチームに持ち込んでくれます。日本らしさの土台の上に、そうした海外の基準を持ち込むことで、日本代表独自のカラーが生まれています。

私たちはワールドカップで3勝し、日本の男子バスケットボールの歴史を変えました。しかし、**「世界に衝撃を与えた」ととらえるのは早計です。世界に衝撃を与えるためには、ワールドカップやオリンピックでメダルを獲得したり、世界トップランクのチームを破る必要があります。**

日本はまだバスケットボールの世界地図に載ることができたという段階だと思います。日本が強くなっているという認識は世界でも少しずつ浸透しており、ワールドカップで他国のコーチから賛辞の声をもらうなど尊敬を集め始めています。パリオリンピックで我々の目標であるベスト8に進出することができれば、間違いなく世界に衝撃を与えることができます。選手たちにも「SHOCK THE WORLD」とよく声をかけます。その目標に近づくためにも、世界基準を日常にしていく必要があるのです。

競争が成長の源泉になる

チームづくりにおいて競争はとても重要です。常に競争がないと、選手は安心してしまって、向上し続けることができません。競争は選手たちの心身の成長を促すのです。いかに競争できる環境をつくるかはコーチの大切な仕事になります。日本代表でも選手選考の過程で、競争を重視しました。

私が競争を重んじる根底には、選手時代の経験があります。特にブルース・パークヒル・ヘッドコーチの指導を受けたペンシルベニア州立大学に在籍していた時は、毎日が競争でした。私はどんな時も負けたくなかった。競争が自分がより良い選手になることを助けてくれました。

ＮＢＡを目指した日々も文字通り競争の連続でした。大学卒業後にヒューストン・ロケッツでトライアウトを受けた時、残り2～3試合までは良いプレーができていました。しかし、最後に崩れてしまった。プロ選手になるという覚悟の欠如、若さゆえの至らなさがプレーに出てしまったと思っています。

プロとしてポルトガルや日本でプレーして、27歳で再びＮＢＡのトライアウトに挑戦した時は違いました。最初の50人くらいから12人に絞られて、そこからどんどん人数が減っていく。精神的にタフな状況でしたが、この時はメンタルの準備ができていたので心を乱すことなくプレーを続けることができました。

男子日本代表ヘッドコーチになってからのアプローチもこれらとよく似ています。就任以降、50人以上の候補選手を合宿に呼びました。私はＢリーグの選手についての情報をあまり持っていなかったので、どんなタレントがいるかを知りたかった。ビデオや実際の試合は見ていましたが、一緒に練習をすることが選手のキャラクターを理解するうえで最も役に立ちました。

たくさんの選手に会って話し、競わせる中で、私はそれぞれの選手の態度やしぐさを観察します。彼らはどんなプレーが好きで、どんなプレーが嫌いなのか。何のためにバスケットボールをプレーしているのか。苦しい時、つらい時にどんな態度を見せるのか。

例えば、東京オリンピックで男子代表チームが3連敗した後、渡邊選手がベンチでタオルをかぶって涙を流した光景を覚えている方は多いと思います。私も見ていました。そして、「ああ、こういう選手と一緒にバスケットをやりたいな」と思いました。チームに全力を捧げなければ、あの涙は流すことができません。当時、私は男子代表のヘッドコーチをするとは思ってもいませんでしたが、彼のような選手がいることは頭に刻まれました。一人ひとりの長所や短所、キャラクターを知ることは、自分の理想のチームに近づくために必要不可欠な作業なのです。

男子代表の最初の試合となった2021年の中国戦のメンバーのうち、2年後のワールドカップメンバー12人に残ったのは、富樫選手、比江島慎選手（宇都宮ブレックス）、西田選手の3人だけです。中国との2連戦では、どんな選手なのかを試すためにポイントガードを6人起用したほか、ビッグマンと呼ばれる大柄な選手にケガが相次ぐなどして陣容が整わず、2試合とも大敗しました。

あの2試合の屈辱は今も忘れられません。何より、相手と戦うんだというファイティングスピリッツが足りなかった。私は「変わらなければいけない」と強く思いました。それが、これまでの実績にとらわれない選手選考につながっていきました。**大敗や失敗は極力なくしていきたいものですが、敗戦で得られた悔しさや反省をバネにすることができれば、決して無駄にはなりません。**

50人超の候補選手の中で最も伸びた選手は誰ですか、とよく記者に聞かれます。ワールドカップまでのプロセスでいうなら、私の個人的な実感では河村選手と吉井選手だと思います。彼らはとても良くなった。自信を持ってプレーするようになった。彼らも自分の成長を実感していると思います。

私は河村選手に日本代表でもっとシュートを打つように要求しました。その後、横浜ビー・コルセアーズの試合からたくさんのシュートを打つようになりました。スタッツを見ればわかるように、彼の得点力は飛躍的に高まりました。Bリーグの存在はとても大事だと痛感しました。

吉井選手も体を張って海外選手に立ち向かい、チームにエネルギーを注入してくれました。層の厚いアルバルク東京で出場機会をつかむのに苦労しているようですが、Bリーグでもっとシュートを打って、彼の持ち味である攻撃的なプレーをたくさん見せてほしいと願っています。

2人だけでなく、西田選手、テーブス選手、須田侑太郎選手（名古屋ダイヤモンドドルフィンズ）も自信をつけました。川真田選手は人間的にも大きく成長しました。みんな、同じポジションの選手と競い合い、日本代表の限られた枠に入りたいと心から願うことで、スキルもメンタルも向上していったのです。私はその環境を設定しただけにすぎません。

ワールドカップ前のアジア予選や、本番の5試合では試合ごとに違うヒーローが生まれました。西田選手や吉井選手、井上選手が活躍した試合もあれば、富永選手は

2022年のアジアカップでもスリーポイントシュートの実力を遺憾なく発揮しました。ワールドカップでは河村選手や富永選手、そして比江島選手やホーキンソン選手が得点面でチームを引っ張ってくれました。2024年の中国戦では馬場選手が大活躍しました。これも、競争の成果だと思っています。

一発勝負の「トーナメント・チーム」をつくる時、長丁場のリーグ戦と違って、メンバー全員が相手の脅威になることが大事になってきます。

私はいつも選手たちに相手にプレッシャーをかけ続けるように言っています。全員がプレッシャーをかけているうちに、誰かが爆発するようになります。攻守にプレッシャーをかけ続けることで、相手とのミスマッチ（高さや速さなどにおける優位性）が生まれてくることがその背景にあります。そうやって自分たちで有利な局面をつくり出し、そこを徹底的に突くことで、日本代表は的の絞りづらいチームになり、日替わりヒーローが生まれたのです。

ライバルを思いやる日本の良さ

2023年のワールドカップ前、最初の強化試合となったチャイニーズ・タイペイ戦では、代表デビューを飾った原修太選手（千葉ジェッツ）がスリーポイントシュートを6本決める活躍を見せました。外国人選手相手にも当たり負けしないディフェンスの強さを見込んで代表に招集した原選手のオフェンスでの活躍は、私の予想を良い意味で裏切ってくれました。

同じポジションのライバルにとっては、状況を難しくさせる原選手の猛アピールとなりましたが、ベンチにいた選手たちはそんなことに関係なく総立ちになって盛り上がり、原選手のプレーを褒め称えていました。

私は試合後の記者会見で「（今は）サバイバルです。でも、ベンチのみんなが盛り上がっていたじゃないですか。それが私はすごく好きです。うれしいです」と話しました。彼らの態度に、心から感銘を受けたのです。

現役時代、私は同じポジションのライバルがいると、毎日その相手をどうやって倒してやろうかと考えていました。もし、ライバルが活躍したら、私は動揺するし、「くそっ」と悔しさを感じていたことでしょう。ポジション争いは人間の気持ちを難しくさせるものです。

でも、私たちのチームにはそういうギスギスとした雰囲気がありません。自分勝手な選手が誰一人いないんです。女子日本代表を率いていた時も同じ感覚がありました。アメリカで育った私にとっては少し考えられないことでした。

川真田選手とポジション争いをしていたベテランの永吉佑也選手（サンロッカーズ渋谷）も、大きな心を持った選手です。2023年2月のワールドカップ・アジア予選のバーレーン戦前、私は「川真田を使ってみようと思う」と彼に話しかけました。永吉選手はその前の試合のイラン戦で良い仕事をしていたにもかかわらず、顔をしかめることなく、「僕も川真田を見てみたいです」と答えたのです。

代表生き残りをかけた競争の中でも、仲間や後輩を思いやり、チームにとって最良の選択肢は何かを彼は考えてくれました。日本人は競争心が足りないとよくいわれますが、彼らは練習ではもちろん激しく体をぶつけ合っています。競い合ってきたからこそ、川真田選手の成長を認めることができたのではないでしょうか。そんな永吉選手のマインドを素晴らしいと思っています。

もちろん、競争はシビアで、美談で終わらないことが普通です。例えば、ワールドカップの選手選考で、私がポイントガードのほぼ3番手と考えていたテーブス選手は、練習でいつも同じポジションの西田選手とマッチアップしていました。西田選手はボールを持った選手に対して、素晴らしいディフェンダーになれます。彼に抑えられることが多々あり、テーブス選手は少し自信を失ったように見えました。

私は自分の感想をテーブス選手に率直に話しました。すると、彼は私の考えに同意したのです。**世界大会では練習をはるかに上回るプレッシャーがかかります。自信を失った選手を使うことはできません。**厳しいですが、私はヘッドコーチとして彼のそのリアクションも選考の判断材料の1つにしました。

競争は突き詰めると、勝者と敗者を生むものです。それは選手たちもよくわかっています。だからこそ、なおさらチームの一員であることを考えられる日本代表の選手たちを私は誇りに思っているのです。

先ほどの話に通じる部分ですが、日本代表には互いを助け合うというカルチャーが根づいています。

バスケットボールでは接触などがあると、よく選手がコートに倒れます。日本代表では味方の選手がすぐに駆け寄り、倒れている仲間に手を差し伸べて抱き起こすシーンが頻繁に見られます。

これは私が強調していることではなく、アシスタントコーチのジェフリーが熱心に指導している行為です。ある試合で富永選手がゴール下に激しくアタックしてシュートを決め、反則をもらいながら倒れ込むプレーをしました。その時、倒れた富永選手を少しの間、放ったままにしていた選手たちを、ジェフリーが激しく怒ったのです。なぜ味方を助けに行かないんだ、と。彼はビデオミーティングでも、手を差し伸べる行為の大切さを繰り返し説いていました。**チーム力というものは、そういうディテールに染み出るのです。**

倒れているプレーヤーを抱き起こす。痛んでいる仲間をすぐに助ける。いつの間にか、これは私たちのスタンダードになりました。私たちは激しい競争とともに、チームの結束を大切にしています。ジェフリーの指導は素晴らしいと思います。私も100%、彼の考えに賛同しています。

積極性を表に引き出す

日本人は全般的に、受け身でシャイな気質といわれるそうですね。でも、バスケットボールの世界では受動的なプレーは通じません。私たちは競争を好み、いつも攻撃的でありたいと思っています。他国よりも体格の小さい日本代表には、自分たちから先に仕掛けていく勇気が常に必要になるのです。

私は「クールでいることは好きじゃない、感情や思いを表に出してください」と選手たちに繰り返し言い続けています。前章で中国戦のハーフタイムに起きた比江島選手とのエピソードを紹介しましたが、ああやって、感情を言葉に出すように促してきたのです。

比江島選手はワールドカップでシュートを決めた後、派手なセレブレーションポーズを披露していました。あの姿が面白くて、私は気に入っています。いつもシュートを決めて、あのポーズを見せてほしいものです。

キャプテンの富樫選手は最初の時よりみんなに話すようになったし、円陣やミーティングでリーダーシップを発揮するようになりました。河村選手は最初はクールかと思いましたが、そうではなくて冷静でした。だから、「僕はずっとクールでいることは好きじゃないです」と彼に伝えました。河村選手も徐々に思っていることを私に話しかけてくるようになりました。

とはいっても、私はいつでも選手に気を張っているように求めているわけではありません。

例えば、河村選手が沖縄で開かれた天皇杯全日本選手権の翌日に東京であった日本代表の合宿に合流して、すぐに個人練習に励んでいたことがありました。彼はとてもストイックな選手で、いつだって練習をしたがります。若くてエネルギーに満ちあふれています。彼には海外でプレーをしたいという目標があります。だから、体育館でハードワークをして、ウエイトトレーニングでも人一倍強くなりました。その態度にはいつも感心させられます。

しかし、時には休息が必要なことも伝えました。さじ加減は難しいのですが、選手は自分を追い込みすぎてはいけないのです。

Bリーグは日程が過密です。だから、日本代表の合宿はだいたい試合日の翌日午後に設定して、その日は基本的に練習をしないようにしています。移動して、リラックスして、それから私たちの練習に慣れていくという手順を大事にしたいのです。ナショナルトレーニングセンターでの合宿も朝と午後の2部練習を2日やったら、次の日はオフにします。オフの日は試合のビデオを見てもいいし、外にショッピングに行ってもいい。リラックスすることは大切です。

何事も一足飛びでやると、ほころびが出ます。やりすぎはよくない。ステップ・バイ・ステップで進めることが重要です。

「ヒット・ファースト」を貫く

コーチにはそれぞれの指導のタイプがあります。前述したイゾー・ヘッドコーチのように熱量を全開にして選手たちと向き合うコーチもいれば、カー・ヘッドコーチのように音楽を流してリラックスした雰囲気を好むコーチもいます。

1つだけ確かなことは、コーチは自分だけのオリジナルな道を見つけなければならないということです。多くのコーチから学んできましたが、私は「トム・ホーバス」としてのコーチングしかできません。虎がその体の模様を変えられないように。虎が鹿になろうと思っても、虎のままなのです。

コーチは体育館の雰囲気をつくることができます。基礎的な練習を繰り返す私の練習は厳しさが伴いますが、厳しさだけでなく、選手に自分で考えて行動する力を身につけてほしいと思っています。

積極性や自主性を植え付けるための日本代表チームの合言葉の1つに、「ヒット・

ファースト」というものがあります。文字通り、相手より先にぶつかれ、先手必勝という意味です。

これはリバウンドを奪いにいく際のポジションの取り合いや、ディフェンスの際に、相手がリアクションするより前に自分から動き出し、先にぶつかって良いポジションを取れ、という基本動作を徹底させるためのキーワードです。が、同時にチームのメンタリティーを表す言葉にもなっています。

ペンシルベニア州立大学を卒業後、ポルトガルでプレーしていた時、ある対戦相手のチームにアメリカ人選手がいました。私は当時22歳、彼は34歳でした。私たちのチームはとてもいい内容で勝利しました。気分もよかったので、外にビールを飲みに行った時、たまたま彼と店で会い、話すことになりました。

彼は私に言いました。「お前とやり合おうとするたびに、先にぶつかられて、おれは何もできなかった。何かしようとすると先にヒットされてポジションが取れなかった。おれはどうすればよかったんだ」と。

そう言われてはじめて、私はハッと気づいたんです。大学時代から「ヒット・ファースト」を実践していたことを。それが相手にとっていかに嫌なことかということを。それを頭で理解してからは、あらゆる場面で体が動くようになりました。もちろん、学生時代にコーチに言われて染みついた動きですが、彼に言われてやっと頭と体がつながったのです。人間というのは何とも面白くできているものだと思います。

コーチになってからも、私はそれを教えています。先日の日本代表合宿ではテーブス選手とシュートに関する話をしました。彼はシュートを打とう、打とうとしていて、いつもわずかにバランスを崩していました。だから、私はアドバイスをしたんです。「先に当たって、相手との間に少し距離ができてからシュートをしなさい」。これもヒット・ファーストの1つです。多くの選手やコーチはリバウンドに関する姿勢の話だと思っているのですが、まさにメンタリティーを示している言葉なのです。

日本代表の選手たちに「ヒット・ファースト」は浸透しています。サイズで劣る分、良いポジションをいかに確保するか、国際大会で勝つためには大事な要素になります。ビッグネームと対戦することになるオリンピック本番でも、この心がけを実践できるか。大きな相手と立ち向かう際の心構えとして、ビジネスパーソンの皆さんの参考になったら幸いです。

強みを引き出す「0・5秒メンタリティー」

私たちのチームには「0・5秒メンタリティー」という考え方もあります。ボールを持ったら何をするべきかを0・5秒以内に判断して実行しよう、というものです。速いペースで試合を進めていきたい私たちにとっては、基礎的なチームルールの1つです。

私はアメリカに帰国すると、勉強のためにNBAや強豪大学の練習を見学に行きます。2018年頃だったと思うのですが、NBAのデトロイト・ピストンズの練習を見た時に、彼らはこのルールを採用していました。それを私が引き継いだのです。ピストンズのヘッドコーチを務めていたドウェイン・ケーシーさんはかつて日本の実業団チームでも指揮を執っていた経験がある人で、彼の哲学を大いに反映したルールでした。

私はその考え方がとても気に入りました。クイックなチームになるために、選手はクイックな意思決定をしなければならない。彼からはそのほかにも、ディフェンスの圧力のかけ方など多くを学びました。

0・5秒メンタリティーは、日本の選手たちのバスケットIQの高さに裏打ちされたものでもあります。彼らはゲームの構造をよく理解していて、コーチングに対する理解がとても早いのです。だからこそ、こうした瞬時の判断にも適切に対応することができます。クイックなプレースタイルによって、体格やフィジカルの不利を補うことも可能になります。日本人選手の強みを最大限に生かすことができるのです。

ヒット・ファーストも0・5秒メンタリティーも、決して一朝一夕に身につくものではありません。日本代表は限られた時間の中で、こうした考えを浸透させるために基礎的なトレーニングを繰り返し積んでいるのです。

大会が迫っても2部練習を続けるのは、正しい努力を積み重ねることがいかに意味のあることかを私自身が実感しているからです。

選手たちはよく「僕たちは世界一の練習を積んできた」と語ります。積み重ねてきたトレーニングを自信の糧としてくれるのは、コーチとしてはとてもうれしいです。ただ、私が重視しているのは量よりも質です。チームのこだわりを言語化できているからこそ、質の高い練習を短時間に効率よく詰め込むことができるのです。勤勉さという点では日本代表は世界でもトップレベルだと思っています。

私たちは決して大きな相手にもヘッドダウンしません。でも、私がヘッドダウンするなよ、と言うだけでは選手は困惑してしまいます。紹介した2つのチームルールはまさに、私たち日本代表チームが世界と渡り合うための処方箋の役割を果たしているのです。

2

富樫勇樹［バスケットボール男子日本代表／千葉ジェッツ］

言葉は厳しいけれど、気配りの人 誰よりも選手を、チームを信じている

トムさんとの最初の出会いは、トムさんが女子日本代表のヘッドコーチを務めていた時だと思います。定かではありませんが、代表の練習拠点となっている味の素ナショナルトレーニングセンターだった記憶があります。

トムさんは男子代表のヘッドコーチに就任すると、すぐに千葉ジェッツの試合を見にきてくれました。僕のことを「100%必要です」と伝えてくれたので、うれしいというより、びっくりしたことを覚えています。

というのも、東京オリンピックで男子日本代表が3連敗に終わり、「次のヘッドコーチによっては、これが最後の代表ユニホームになるのかな」とうっすら思っていたからです。自分から代表を引退するつもりはなかったけれど、今後の選考についてはヘッドコーチの意向が大きく反映されるし、日本バスケットボール界の大きな流れとして、体のサイズを重視する傾向が加速すると思っていました。東京オリンピックの前のワール

column
富樫勇樹選手

言葉は厳しいけれど、気配りの人
誰よりも選手を、チームを信じている

ドカップでは5連敗していたし、そうなっていてもおかしくなかった。

トムさんが率いた女子代表のバスケットを見て、サイズより速さやシュート力を武器にしていることはわかっていたけれど、正直、それが男子代表チームでも同じようにできるという実感は湧きませんでした。サイズの小さな僕のことを必要と言ってくれて、びっくりした部分が大きかったんです。

キャプテン就任を打診されたのは、トムさんの体制になって最初の合宿だったと思います。2人で少し話した時に、「このチームのキャプテンをやってほしい」と言われました。

トムさんは女子のヘッドコーチをやっている時、男子の練習を時々見に来ていました。だからなんとなく、僕のことも知っていたと思います。そのミーティングでも「あなたは練習を見ていても先頭に立って声を出して盛り上げるタイプではない。でも、このチームのキャプテンとして引っ張っていってほしい」と、僕のキャラクターも知ったうえで打診してくれたのです。

その時、トムさんは女子のキャプテンをやっていた髙田真希選手の話も出しました。2人ともリーダータイプではないと自分では思っているかもしれない。でも、そういうあなたが成長すればチームも成長するんだ、と伝えられました。そこまで言ってくれるのなら、と引き受けることにしました。

もちろんうれしい気持ちはありました。ただ、僕はキャプテンというポジションの経験が多いわけではありません。ジェッツでは大野篤史ヘッドコーチ（現在は三遠ネオフェニックス・ヘッドコーチ）にキャプテンと言われた時、一度断っているんです。断るって何なんだと思われるかもしれないけど（笑）、「僕はキャプテンなんて今までやっていません」と。最終的には自分の成長のためにもと受け入れたけれど、日本代表はクラブとはまた違う特別な場所です。僕が代表キャプテンという立場を担うことへの違和感はありましたし、それは今でもあるんです。

東京オリンピックで代表チームを引っ張ってくれたのは、（八村）塁や（渡邊）雄太でした。特に雄太はプレーでも態度でもチームを鼓舞してくれた。でも、彼らはアメリカにいます。合宿に来られない選手をチームのキャプテンにはできない、というのはトムさんの中には当然ありました。Bリーグ所属で経験のある選手を、となって僕が選ばれたのだと思っています。ワールドカップのアジア予選などは、僕らだけで戦うことになるわけですから。

トムさんは厳しい時は厳しい指揮官です。自分のミスで怒られることはあるけれど、チーム全体の雰囲気が悪い時にも僕が指摘されます。チームの雰囲気をよくすることもキャプテンの仕事だ、と。ただ、それを重圧だと感じたことはありません。合宿を重ねるごとに、トムさんにとってキャプテンという存在がいかに大きいものなのかを感じるようになりました。その期待に応えられるように、今まで以上に周りのことを見ながら練習や試合を重ねてきたつもりです。

一度、ビデオミーティングに少し遅れて、トムさんに怒られたことがありました。前日の試合開始時間が同じだったから、同じ時間にミーティングが始まると勘違いしていたのです。ミーティングの開始時間が早まったことを確認し忘れた僕のミスでした。トムさんに指摘されたので、僕はみんなの前で謝りました。トムさんが時間に厳しいことはみんなわかっていましたが、あのことがあって、みんなが当たり前に時間はきちんと守ろうという意識になったと思います。

トムさんとはよく会話をしています。何十分も話すわけではないけれど、短い時間にちょっとしたコミュニケーションを取ることが多い印象です。僕は代表の時、最初にミーティングに出ることが多いのですが、トムさんも大体一番乗りでコートに入ってきます。そこでトムさんが僕の近くに寄ってきてくれて、おしゃべりします。前の試合で出た課題やその日の試合でやるべきことなどバスケットに関する話題はもちろん多いのですが、僕がゴルフ好きだから、「あのクラブ、買った?」なんて聞かれることも時々あります。いろいろなコーチの下でプレーしてきましたが、トムさんはそういう会話の頻度が他のコーチと比べて格段に多いように感じます。

試合前の選手だけのミーティングの時間も、トムさんは大切にしています。練習の前後で選手同士でもコミュニケーションは取っていますが、選手ミーティングでその日の試合でやることを確認するんです。僕だけじゃなく、いろいろな人が手を挙げて話します。僕はだいたい、比江島選手に振ります。彼がもじもじして終わることが多いのですが（笑）。

皆さんにとって、トムさんは厳しい言葉を言うコーチというイメージが強いかもしれません。しかし、実際は気配りの人でもあります。ワールドカップの時もそうでしたが、2024年2月の中国との試合の時も、「なかなかプレータイムをつくれなくてごめんなさい」とわざわざ言ってくるんです。

あの試合、試合終盤の5分で僕をコートに戻す予定だったけれど、直前に河村が2本のスリーポイントシュートを決めたので、彼の出場時間を延ばすことになった。だから、結果的に僕の出場時間が少なくなったことも理解しているし、あえてそれをヘッドコーチが言わなくてもいいんです。でも、そういう気持ちをすぐ言葉で伝えてくれる。トムさんらしいな、と思います。

トムさんは気持ちをストレートに伝えてくれる人です。その言葉の端々から、選手のことを思ってくれているんだな、と感じます。代表では合宿のたびに、招集した選手から数人の落選者を出さないといけない。みんな、日本代表に入りたくて頑張っているので、落ちれば当然不満やわだかまりは残ります。それでも、トムさんは必ず何が足りなかったのか、理由を選手たちに伝えている。それを見ると、大変な仕事だなと感じます。

column

富樫勇樹選手

言葉は厳しいけれど、気配りの人
誰よりも選手を、チームを信じている

トムさんは目標を掲げて、その目標を信じることができるのか、とすべての選手に確認します。「信じてやり続けられるか」と。そういうやり方も含めて、トムさんの下で戦うことで、日本代表の結束力は上がったな、と思います。ワールドカップでは特に一体感を感じました。

「ビリーブ」という言葉を、トムさんはよく使います。最初のミーティングの時から、自信のない僕でもキャプテンをできると信じてくれました。トムさんはきっと誰よりも「日本代表はもっとできる」と信じていたし、今も信じていると思います。だから、僕たちもトムさんを、仲間たちを信じることができます。

キャプテンを任されて成長できていたらいいな、と思うけれど、正直言って、自分のことは自分ではよくわかりません。ただ、あるインタビュー記事でアシスタントコーチの佐々宜央さんが僕のことをプレーではない部分で褒めてくれていました。周りからリーダーシップの成長について言われるのはうれしいことです。これからも日本代表とともに成長していければいいな、と思っています。

Profile

とがし・ゆうき◉1993年7月30日、新潟県生まれ。中学卒業後、米国留学を経てbjリーグの秋田に入団。2014年にNBAダラス・マーベリックスと契約を結び、傘下のテキサス・レジェンズでプレー。2016－17年シーズン以降は千葉ジェッツで活躍を続ける。

第3クオーター 進化し続けるコーチング

「できると信じる力」をリーダーがどう引き出すか

The third quarter

2023年夏のワールドカップで男子日本代表がパリオリンピックの出場権を獲得したことで、2024年春にかけて全国の企業や商工会議所、スポーツ協会など様々な団体・組織から講演の機会を頂きました。

女子日本代表が史上初の銀メダルに輝いた東京オリンピック後も同じようにお声をかけていただきましたが、今回の依頼数はその時とは比較になりません。女子に続いて男子でもヘッドコーチとして結果を残せたこと、難しい条件で目標を達成できたことで、より注目されているのだと感じています。

そうした講演会では私が一方的に話すのではなく、できるだけ司会の方とやり取りをしたり、来場者から質問を受けたりするようにしています。

皆さんが特に関心を持ち、私に聞いてみたいと考えているテーマは「チームビルディング」「モチベーションの高め方」「コミュニケーションの取り方」でしょうか。スポーツのコーチの仕事を見て、ビジネス現場などでのヒントを得たいという思いを強く感じます。

「第1クオーター」でも紹介しましたが、私のプロコーチとしての指導歴は2010

年にWリーグのＪＸサンフラワーズでアシスタントコーチに就任したところから本格的に始まります。

そもそもコーチの仕事が面白いなと初めて思ったのは、日本での選手生活が終盤に差しかかった32歳の時、キャプテンを務めていたトヨタ自動車ペイサーズ（現・Ｂリーグ・アルバルク東京）時代です。アメリカ人のジャック・シャーロー・ヘッドコーチ（故人）から「きょうの先発は誰がいい？」などと相談される機会が増えたことがきっかけでした。

シャーロー・ヘッドコーチはＮＢＡのポートランド・トレイルブレイザーズや、全米屈指の強豪のデューク大学、ルイジアナ州立大学などで指導した実績のあるコーチです。

彼と会話を重ねるうち、自分がコート上でどんなプレーをしたいかということだけではなく、チームメートや相手の特徴、勝つために取り組むべきプレーなど様々なことを考えるようになりました。経験を積んで思考を重ねたことで、バスケットボールというチーム競技で選手をまとめ、勝利に導いていくことを担うコーチの仕事がとても魅力的に感じられたのです。

ただ、日本で現役を引退した34歳の時、すぐにコーチの仕事に就くことはできませんでした。そこで、アメリカに帰国し、まず考えたのはＦＢＩ（連邦捜査局）に入ることです。テレビドラマなどで有名なＦＢＩは特殊な仕事のように思われるかもしれませんが、もともと私の家族や親戚には警察官や消防士がいて以前からバスケットボールと同じくらい興味を持っていた職業でした。

自宅のあるカリフォルニア州サンディエゴで約３カ月かけて試験や面接を受けました。担当者から合格はほぼ決まったと聞かされて喜んでいた頃に全米を揺るがしたのが、２００１年９月11日の同時多発テロでした。

私の詳細なプロフィールなどがまとめられた書類はすでにワシントンD.C.のＦＢＩ本部に送られ、あとは正式な採用通知が来るだけといった状態だったようです。しかし、このテロを機にＦＢＩは中東方面の情報収集を強化するなど方針を変えることになり、私の採用は白紙になってしまいました。

その後は約７年間、トヨタ時代のチームメイトのハワード・ライトさんが設立したサンディエゴのＩＴ企業で働くことになります。25人ほどの小さな会社で最初はマーケティングの仕事を任され、入社3年後には担当副社長になりました。

もちろんバスケットボールが大好きなことに変わりはなく、当時まだ小さかった息子を教えるためのチームも立ち上げました。一時は夜寝る前に、仕事のことよりも息子のチームのことを考えるほどでした。

バスケットボールへの思いが断ちきれず、いよいよ会社を辞めて大学などでコーチを始めようかと妻と真剣に話していた矢先のことです。かつて選手として暮らした日本のサンフラワーズから突然、アシスタントコーチとしてのオファーが届きました。42歳の時です。ちょうど、身長193センチと長身でシュートもうまいスター候補、渡嘉敷来夢選手が入団するので指導をしてほしいということでした。

すでにサンディエゴに自宅を構え、息子と娘はまだ学校に通っています。コーチになれば、給料はＩＴ企業の半分くらいに減ることもわかっていました。今振り返ると、そこで日本に行くことは大変なギャンブルですが、5歳から始めたバスケットボールに関わる仕事をしたかった私は、迷わず受けることにしました。

最初の1年間は私と息子の2人が日本、妻と娘はアメリカと離れ離れに暮らすことも経験しました。その時はまさか日本との接点が今に至るまでの30年以上にもなるとは思ってもいませんでした。

合宿に呼び、自分の目で確かめる

サンフラワーズではアシスタントコーチを7年、ヘッドコーチを1年任されました。女子日本代表チームにも関わることになり、2016年リオデジャネイロオリンピックの際は、内海知秀ヘッドコーチの下でアシスタントコーチを務めて準々決勝まで進み、アメリカに敗れて私にとって初めてのオリンピックが終わりました。

東京オリンピックに向け、内海さんからヘッドコーチを引き継いだのは2017年4月のことです。それ以来、7年以上にわたって女子と男子の代表チームを指導してきました。

企業で役員も務めた経験を踏まえて感じることは、アシスタントコーチとヘッドコーチは同じ指導者でも考え方や役割が全く違うということです。アシスタントコーチは選手たちに近い立場で成長を促すミドルマネジメントの役割ですが、ヘッドコーチはもっと全体を見る必要があります。チームの雰囲気など細かいことも気にかけ、チームをどんな方向に進めて成長させるかを考えなければいけません。

コーチとしての信念や具体的な指導方法は時代や相手に合わせて変化しますし、どんなことがあってもブレない部分も必要です。男子の日本代表を指導するようになって間もなく3年。この間に起こり、感じたことを女子代表の時代とも比較しながら、お話ししたいと思います。

前提として、選手が女子か男子かというだけで指導が大きく変わることはありません。それはバスケットボールのチームでも、企業で部下を率いる場合も同じでしょう。私が初めて来日し、トヨタで働きながらプレーをしていた時は、いわゆるお茶くみなどをしてくれる女性社員の存在に驚いたものですが、その後はそうしたことだけをこなす社員はいなくなったと聞いています。

私は息子と娘の父親ですが、彼や彼女にはそれぞれ個性があり、長所や短所も知っています。リーダーは全員の能力を最大限に引き出せる環境をつくっていかなくてはいけません。

ただ、東京オリンピックの後に男子日本代表のヘッドコーチになるまで、私はずっと女子のコーチを務め、男子を教えたことがありませんでした。いくつもの状況の違いに直面し、女子の時とは異なる対応を取らなくてはならないことがあったのは事実です。

まず競技力という点で、世界の中での日本代表の立ち位置には男女で大きな違いがあります。女子は東京オリンピックで7連覇を達成したアメリカの強さが別格ですが、日本を含めた世界ランキング2～20位くらいのチームの実力は拮抗しています。実際に私たちが東京で銀メダルを獲得した時の世界ランキングは10位でした。

一方の男子はさらに強豪がひしめいています。ワールドカップ当時の日本は世界ランキング36位でしたが、対戦した5カ国のうち4カ国はランキングが上のチームです。

パリオリンピック出場を決めた試合の対戦相手だったアフリカのカボベルデは当時の世界ランキングこそ76位ながら、身長221センチのセンター、エディ・タバレスら素晴らしい選手がいて、数字以上の強敵でした。

バスケットボールは男女を合わせると、世界で最も競技人口の多いスポーツです。特に男子は女子以上に競争がとても激しい世界なのです。

新たなチームをつくる時、候補となるメンバーを事前にどれだけ把握しているかは当然、重要なポイントになります。具体的なプレーをイメージできますし、選手たちとの信頼関係があらかじめできていれば、指導もスムーズに進むはずです。

最近では馬瓜ステファニー選手（スペインのモビスター・エストゥディアンテス）やオコエ桃仁花選手（オーストラリアのジーロング・スーパーキャッツ）ら複数の女子選手がヨーロッパやオーストラリアのクラブで活躍する動きが出ていますが、私の代表ヘッドコーチ時代の主力は全員が日本のWリーグに所属していました。

長く代表の中心で活躍している渡嘉敷選手は一時、世界最高峰のWNBA（米女子プロバスケットボール）でプレーしましたが、前述の通り、私はサンフラワーズ入団時からよく知っていました。代表候補になるような他チームのエースも、Wリーグの対戦相手としてどんな特徴があるかはおおむねわかっていました。

ところが、男子を初めて率いることになった私には当初、女子のように多くの選手の情報がありませんでした。日本にはどんな選手がいて、どんなプレーをするのかを知るため、全国のBリーグ会場を訪れ、「海外組」を含めて多くのビデオを見ました。

試合でベンチに入れるのは12人ですが、これはと思う選手がいたら自分の目で確かめたいので、迷わず合宿に呼びました。これまでに合わせて50人以上を日本代表候補に選んでいます。前述した若手選手向けのディベロップメントキャンプも開きました。ただ、代表活動の土台となる合宿はなかなか思うようには開催できませんでした。

オリンピックやワールドカップなどの主要な国際大会は夏場に行われます。女子代表の場合はWリーグの協力も得て、シーズン中を含めて代表活動の時間を長く確保することができました。特に東京オリンピック前には長期合宿を行い、日本の武器である体力をさらに伸ばし、200近いオフェンスのセットプレーを落とし込むことができました。それが試合終盤も走力が衰えないスタミナや選手の自信を生み、銀メダルにつながったことは間違いありません。

一方、男子のBリーグはレギュラーシーズンが60試合とWリーグよりはるかに長く、成績上位のチームによるチャンピオンシップに進めば、それだけ代表活動への合流は遅れます。

例えば、代表キャプテンの富樫勇樹選手が所属する千葉ジェッツはBリーグの2023－24年シーズン中にフィリピンや韓国などの強豪が参加する東アジアスーパーリーグ（EASL）にも出場し、ホーム・アンド・アウェーの試合を勝ち抜いて今年3月に初優勝を果たしました。その直後には天皇杯（全日本選手権大会）でも優勝するなど、強いチームの中心選手ほど休みがないのが実情です。身長167センチの富樫選手は2016年のBリーグ誕生以来、リーグの「顔」として試合に出続けています。大きな故障もせず、高いパフォーマンスでファンを魅了している本当に素晴らしい選手です。

ワールドカップ前を振り返ると、Bリーグのプレーオフに進めなかったことで休息を取れてフレッシュな選手、チャンピオンシップまでフル出場して疲れ切った選手、それに渡邊雄太選手（NBAメンフィス・グリズリーズ）のような「海外組」と、チームに参加できた時期や状態はバラバラでした。

とにかくワールドカップ前は故障者が多く、これ以上ケガ人を増やしたくなかったので、注意して練習を始めなくてはいけなかったことを覚えています。

「第1クオーター」でも触れた通り、Bリーグは世界的に見ても素晴らしい成長を遂げているリーグです。選手もフロントも完全なプロですから、各クラブが経営を重視し、集客につながるスター選手に無理をさせたくない気持ちがあることは仕方ありません。

それでも私は日本代表がもっと世界で活躍することが、Bリーグの発展に必ずつながると考えています。だから、私はBリーグの島田慎二チェアマンと何度も話しますし、思ったことはしっかり伝えます。私の仕事は日本代表というチームや代表選手たちを成功に導くことだからです。

ワールドカップの後、島田チェアマンが委員長を務める日本バスケットボール協会の「男子代表強化検討委員会」は、日本代表に招集された選手には参加する義務があると改めて示してくれました。

代表チームが海外遠征する際の飛行機のビジネスクラス利用に関して、Bリーグが経費面でバックアップしてくれることも発表されるなど、選手の最高のパフォーマンスに向けて、できる限りのサポートをしてもらうことになりました。今後もリーグと代表チームの両方が発展していく体制をつくることがとても大切だと思います。

戦略的にアドバンテージをつくる

こうした男子を取り巻く環境を受け止めつつ、少しでも可能性のある選手を発掘する目的でスタートしていたのが若手によるキャンプです。トップ選手のA代表が集まる1週間ほど前から有望株や大学生などを集めた合宿を行い、私たちが目指すプレーやシステムへの適応力を見るものです。

2022年6月のキャンプには13人を呼び、その中でめざましい活躍を見せた1人が東海大を中退してプロに転向したばかりの河村勇輝選手（横浜ビー・コルセアーズ）でした。この時は、ほかにも富永啓生選手（米ネブラスカ大学）、吉井裕鷹選手（アルバルク東京）、川真田紘也選手（滋賀レイクス）、井上宗一郎選手（越谷アルファーズ）らが参加。「第2クオーター」で紹介した通り、彼らはそれぞれに持ち味を発揮してくれたので、その後のA代表の合宿へとステップアップし、最終的にワールドカップの12人のメンバーに入っています。

キャンプでは時には22歳以下や19歳以下の日本代表のヘッドコーチにも参加してもらい、意見交換をします。私はいつも他のコーチからも勉強したいと思っているからです。2023年2月のキャンプには東海大の金近廉選手（現在は千葉ジェッツ）や福岡大学附属大濠高校の川島悠翔選手（現在はNBAグローバルアカデミー）らを呼びました。目を見張るプレーを見せた金近選手はその後に日本代表デビューし、ワールドカップのメンバーの最終選考まで残りました。残念ながら落選となった際に、私は「まだ自信が足りないけど、彼は若い。スター選手になれる」と話しました。2人は今年2月のアジアカップ予選に出場しており、今後が楽しみな選手です。

いよいよワールドカップに向けたチームづくりが本格化する中、女子代表ほどの練習時間を確保できない以上、私たちは自分たちの得意なことにより集中する必要がありました。例えば、女子代表で東京オリンピック前に200ほど用意したセットプレーは思い切って減らしました。「5アウト」という基本的なシステムは変わりませんが、今の男子はセットプレーをほとんど使わず、コート上でオープンな選手を生み出すためのプレーを増やしました。

日本は女子も男子も世界に比べて圧倒的にサイズが小さいですが、体力やクイックネスに長け、わがままな考えの選手のいないチームワークの良さは他チームにない大きな特徴です。こうした状況を踏まえ、攻撃で重点を置いたのは「コート上の小さいアドバンテージから、大きいアドバンテージをつくる」ことでした。

例えば、スピードのある富樫選手や河村選手がドリブルで切り込んで、複数の相手選手を引き付けます。そこから外で待つ味方にパスを出して守備のズレをつくり、次の選手もまた切れ込んでズレを大きくしたところで、ノーマークの味方にパスが通ればシュート成功率を高めることができます。

ジャンプストップと呼ばれる技術も毎日練習しました。ゴール下に進入できても、そのままシュートを打てば相手の高いブロックに阻まれてしまいます。そこで、ゴール付近に進んで両足で止まり、どちらかの足を軸にしてスピンしたり、片足ジャンプでシュートを狙ったりと多くの選択肢をつくりました。こうした動きを全員が同じ意思の下で連動することを目指したのです。

そのために私は選手たちには特定の役割を求めるようにしました。例えば「10回チャンスがあったら8回はスリーポイントシュートを打って。残り2回はドライブ」などとはっきり伝えるのです。瞬時の判断が求められるこの競技で、迷っていては良いプレーはできません。そこはいつも「ブラック・アンド・ホワイト（明確）に」と言っていました。

各選手は自分の役割と同時にチームメートの役割もわかれば、チームとしても良い動きができます。中には「自分はBリーグのクラブでこういうプレーをしているのに」「本当は別のプレーが得意だ」と感じながら代表活動をしている選手がいるかもしれません。私は「もしそうなら練習で見せてほしい」と考えていますし、実際に口に出すこともあります。

私は日本の武器になるスリーポイントシュートの成功率の目標を40%と考えていて、相手の邪魔がいないノーマークなら、できれば2本に1本は決めてほしいと思っています。それだけ力のある選手が日本代表にはそろっていますし、実際にワールドカップではノーマークの場面をたくさんつくることができました。

ただ、味方のパスを受けてすぐにシュートする「キャッチ・アンド・シュート」の成功率は平均27%で、出場した全32チームのうち29位と決して高くはありませんでした。ワールドカップ前に東京で強豪のフランスやスロベニアと強化試合をした時から成功率は低く、ワールドカップ後は「スリーポイントシュートがこんなに入らなくてもワールドカップで3勝できたのは正直不思議」と思ったほどです。

全員の連動性やシュートに至るまでの動き、スピードには手応えを感じていますし、あとはもう決めるだけです。これはパリオリンピックに向けた大きな伸びしろであり、各選手が改善できればワールドカップ優勝のドイツや開催国フランスといった強豪を倒せるチャンスはもっと増えると思っています。

「天井」を決めてはいけない

私は休暇中にゴルフを楽しむことがありますが、ゴルフ界のスーパースターであるタイガー・ウッズ選手の大好きなエピソードがあります。

彼が全盛期に何度かコーチを変えたことについて、メディアから「せっかく好成績を出せているのに、なぜ変えるのか」と聞かれると、彼は「もっともっとうまくなりたいから」と答えたそうです。

どんな人間にも能力の限界があると思いますが、私が一番我慢できないのは自分で勝手に「天井」を決めてしまうことです。

私はそれぞれの選手に素晴らしい力があると思って日本代表の合宿に呼んでいます。彼らには常に「自分史上最高」を目指し、とにかく毎日チャレンジしてほしいと伝えます。ウッズ選手のような超一流のプロですら向上心を持ち続けているのですから、誰もがもっと上を目指してほしいのです。

同時に日本を代表する選手であっても苦手なプレーがあることも理解しています。だから、私は女子日本代表で、ボールを受ける時やゴール下で相手の大きな選手を守る時の足の角度まで徹底して教えました。

私は講演などでよく東京オリンピックでアシストの新記録を打ち立てたポイントガードの町田瑠唯選手（富士通レッドウエーブ）の名前を挙げ、「町田選手にダンクシュートをしてと言ってもできないように、私はできないことは選手に求めない。できると思うから指導するんです」と話します。

例えば、アメリカなど海外のチームのコーチは選手に対し、「これをやって！」と努力を求めることがあります。しかし、日本の女子選手の場合、最初から100％の努力をしていることが多いです。とにかく真面目で集中力もとても高い。ただ、私が指導を始めた頃は選手たちを見て「自分の力をもっと信じて」と思う場面が多くありました。

そのため、練習では「あなたは自分の力がどれくらいあるか、知っていますか？」と直接聞くこともありました。選手たちが「知らない」「わからない」と言えば、「あるから、できるから。アピールしないとチームには入れないよ」とはっきり言うのです。

単に褒めればいいということではありません。自分で天井を決めず、向上心を持って練習に取り組むことが結果的に選手本人とチームのためになると信じているから、はっきり伝えるのです。

アメリカ人選手は時に自信過剰です。日本人選手の場合、男子も女子ほどではないにせよ、「自分はすごく上手」と表現することが苦手だと思います。でも、それは表に出していないだけで絶対に力はあります。

「第1クオーター」でも触れたように、男子日本代表の場合、富永選手や須田侑太郎選手（名古屋ダイヤモンドドルフィンズ）のようなシューターには「チャンスがあれば必ず打ってほしい」と言います。もし、彼らがスリーポイントシュートを10本打ってすべて外しても怒りませんが、連続して失敗しているからといって打つべきタイミングで躊躇したり、ドライブしたりしたら必ず注意します。

ワールドカップで活躍した富永選手はとても気持ちの強い選手です。日本人選手には珍しく「自分が誰よりもシュートが入るんだ」という自信を持ってプレーしているようですね。米ネブラスカ大学での最終年度だった昨シーズンは大活躍し、全米が注目する2024年3月のNCAAトーナメント（全米大学選手権）にも出場しました。特別なシューターだと思います。

ナショナルトレーニングセンターで代表チームの合宿が始まると、私の1日の流れは毎日ほとんど変わりません。

午前5時半から6時の間に起き、いくつかの事務作業から始めます。シャワーを浴びて午前中の練習メニューを考え、体育館に行って体を動かします。実は、ワールドカップの後、以前から痛めていた左膝を手術しました。今もチタンのインプラントが入っていて、リハビリを兼ねて毎日30分程度は歩くようにしています。

午前9時になると他のコーチたちと集まって練習内容を確認し、午前10時から午前11時半まで練習。これは午後のより強度の高い練習に向けた準備という面もあります。全員で昼食を取って部屋に戻り、午後の練習のメニューを考えます。

体育館でまたコーチたちと打ち合わせを行い、午後4時から6時まで練習。1日の練習時間はアメリカ代表などと比べれば長いですが、多くの日本のチームよりは短いはずです。

その後、コーチやスタッフと1日の振り返りをして夕食をとると部屋に戻り、他チームの試合映像などを見て午後10時から10時半頃の間に就寝します。

合宿に入れば、練習がオフの時間帯でもメディアの取材を受ける機会があるなど、自由時間はほとんどありません。クラブチームの場合は1年のうちに実務があるのがシーズン中の7~8カ月ほどですが、代表チームは短期間である一方、合宿と試合が集中します。

選手の顔ぶれが変わらず、長丁場のシーズンで調子を上げながら勝負ができるクラブチームがマラソンなら、代表チームは100メートル走などのスプリントのような感覚でしょうか。期限が明確に決まっているビジネスのプロジェクトとも似ていると感じます。

特に重要な大会の場合、いざ始まると最初から最後まで全力疾走で、睡眠時間もぐっと短くなります。私は東京オリンピックの期間中に8キロ、ワールドカップの際は

7キロほど痩せました。身を削るような思いで、選手たちと一緒に戦っているのです。

「マイクロマネジメント」はなじまない

私はアメリカをはじめ、海外チームのコーチとよく情報交換をしていますが、日本代表が取り入れている午前と午後の「2部練習」を採用するチームは少ないと思います。代表チームのような場合、全体練習は午前か午後に1時間半から2時間程度というケースが一般的ではないでしょうか。

実は、私が大学を卒業後に初めてプレーしたポルトガルのチームは、この2部練習を採用していました。私は若かったこともあり、最初は長時間拘束されることが嫌だと思っていたのですが、練習を重ねると日に日に自分がうまくなっている実感を得られました。以来、2部練習は体に染みついています。

それでも最初にサンフラワーズで指導を始めた時は驚きました。体育館のすぐ近くに選手寮があり、彼女たちが午前6時半や7時頃には体育館に来て、黙々とシューティングをしているのです。

食事を挟んで午前と午後に全体練習。夜にウエイトトレーニングをして、さらにシューティングをする選手もたくさんいました。

ほどなく、私はサンフラワーズだけが特別なチームではないと知ることになります。Wリーグの他のチームでも同じように練習していますし、高校や中学の強豪チームも同様です。長時間練習は日本の女子バスケットボールの文化だったのです。

サンフラワーズでのコーチ時代に覚えた、印象的な日本語が「我慢大会」です。ある時、選手たちがコーチの指示もなく、何十分も同じ練習をしていることがありました。何気なく選手が発した言葉だったと記憶していますが、その意味を知って少し違和感を覚えました。

確かにサンフラワーズはすさまじい運動量による堅守と速攻を武器に国内で敵なしでしたから、スタミナを強化したり、試合の終盤でもプレー精度を高めたりしたいというチーム方針は理解していました。ただ、練習には必ず明確な目的が必要ですし、的確な指導が欠かせないと思ったからです。

男子を含め、日本の選手たちは子どもの頃からこうした練習に慣れているとはいえ、「練習のための練習」をしたり、毎日変わらない内容を続けたりすれば、選手たちは自分で考えない「ロボット」になりかねません。

私自身、大学生の時にはとても厳しいコーチの下、彼らが求める動きを正確にこなすことに精一杯だったこともありますが、試合のコートに立てば判断の連続です。事細かにコーチが指示を出す余裕はありませんし、コート上では予期しないことも次々に起こります。コーチの指示を待っているだけの選手は対応できないのです。

練習や試合の映像で私が鬼のごとく怒っている場面を見た方は、私を非常に厳しいコーチだと思うかもしれません。確かに、以前の私は少し短気なところがありました。

5歳からバスケットボール一筋で情熱を傾けてきましたし、コーチとして自分が起用した選手たちには、レベルの高いプレーをしてほしいという期待感があります。

特に代表チームは短期間でチームをつくらないといけません。いろいろな要素が重なって「時間を無駄にできない」との思いがとても強かったのでしょう。

バスケットボールは勝つか負けるかの勝負の世界です。特にプロとして対価を得ている以上、優しく伝えても選手がうまくならなかったら意味はありません。気持ちが足りなければそこで成長が止まってしまいます。それはとても残念なことです。

こうした思いは今も変わりませんが、日本でコーチを続けるうち、指導方法は少しずつ変わっていったように思います。

「第1クオーター」でも触れたように、以前の私は大きな大会の前には相手チームの研究をとても重視し、何時間もビデオを見て対策を練っていました。それが今では、自分たちがどんなプレーをしたいかをより考えるようになりました。相手がどうであろうと、自分たちを信じられることが勝利には大切だからです。

選手たちは一人ひとり違いますし、役割も異なるので、コーチの指示通りに動かす「マイクロマネジメント」もなじみません。選手たちが自分で考えることを大切にするようになったと思います。

そのために私は時には練習内容を変えたり、新しい技術などにチャレンジさせたりすることを意識しています。NBAやNCAAの最新の知見を学び、チームに合うものはどんどん取り入れます。選手たちに刺激を与えるとともに、競争意識を持たせることで質の高い練習を目指すのです。

もう1つ、アメリカにはなくて日本で気づいた習慣に「先輩・後輩」の関係性があります。**目上の人を敬うことはオフコートではとても素晴らしい姿勢ですが、コート上では必要ありませんし、時にチームの成長を妨げてしまいます。**

特に女子では後輩が先輩に対して遠慮するのか、練習中に激しくプレーしないことがありました。私はそれがとても嫌だったので「もっと思い切って、相手を倒す気持ちで」と注意したこともあります。

ただ、男子ではそうした心配は杞憂に終わりました。最初からリラックスした雰囲気と、年齢差を感じさせない一体感があったからです。日頃はBリーグで真剣勝負をするライバル同士ですが、日本代表で集まればしっかり切り替えられるところはさすがです。

例えば、ワールドカップではチーム最年長だった比江島慎選手（宇都宮ブレックス）が、川真田選手をはじめ、年下のチームメートにいじられる場面が盛んに報道されたと聞いています。

ワールドカップでパリオリンピック出場を決めた翌日、全員がそろった記者会見で、川真田選手は比江島選手のことを「僕のメンター（助言者）です」と言い、会場が爆笑に包まれました。

長く日本代表の得点源だった比江島選手はワールドカップ直前になかなか自分の良さを発揮できず、メンバー入りに強い危機感を持っていたそうですね。「第1クオーター」でも触れたように、なかなか気持ちを見せないタイプではありますが、若手で代表チームに入ったばかりの川真田選手とのこうした関係性をはじめ、チームにはとても良いムードがあったと思います。

「憧れるのをやめましょう」

ワールドカップの1次リーグの対戦相手が決まった昨年4月の記者会見で、私はメジャーリーガーの大谷翔平選手（ロサンゼルス・ドジャース）がワールド・ベースボール・クラシック（WBC）のアメリカとの決勝戦の前にチームメートに伝えた、あの有名な言葉を引用しました。「（メジャーリーグのスターが集まる相手チームに）憧れるのをやめましょう。憧れてしまっては超えられないので」という発言です。

日本選手が相手のスーパースター、マイク・トラウト選手（ロサンゼルス・エンゼルス）のサインが欲しいと話したところ、トラウト選手が全員分を用意してくれたとのこと。それを見た大谷選手がロッカールームでこう話したそうですが、その意図が以前から私が考えていたことと全く同じだと思ったからです。**「相手がNBAの有名選手だとか、どこの国だとかは関係ない。うちのバスケをやる」と断言しました。**

大谷選手の発言を聞いて、私は2008年北京オリンピックのバスケットボール男子で金メダルを獲得したアメリカ代表のコービー・ブライアント選手（故人、当時NBAロサンゼルス・レイカーズ）のエピソードを思い出していました。

アメリカはバスケットボールの母国ながら2004年のアテネオリンピック、2006年に日本で開催された世界選手権（現在のワールドカップ）で優勝を逃していました。

北京オリンピック決勝の相手は世界選手権覇者のスペインです。ティップオフからしばらくして、驚くようなプレーが飛び出しました。エースのブライアント選手が突然、相手の主力でレイカーズのチームメートでもあるパウ・ガソル選手に激突して吹っ飛ばしたのです。

普段はとても仲の良い2人ですが、ブライアント選手は試合前、アメリカのチームメートに「彼を倒す」と宣言し、それを有言実行したのです。当然オフェンスのファウルを宣告されましたが、味方を鼓舞するための強いメッセージを行動で示したものでした。

リーダーのハッスルプレーにその他のスター選手が燃えないはずはありません。結果、アメリカは金メダルを獲得。この時のドキュメンタリーは「リディームチーム王座奪還への道」として配信もされています。

実績や世界ランキングが上のチームと試合をする時、「相手はうまいし、強いし、大きいし…」といったことばかり考え、自分やチームを信じていなければ簡単に負けてしまいます。

NBAのスター軍団であるアメリカ代表でさえ、これほどの強い気持ちで臨んでいたのですから、19年の中国ワールドカップと21年東京オリンピックの計8戦で全敗の男子日本代表が、これまでと同じメンタルで沖縄でのワールドカップに臨むわけにはいきませんでした。

客観的に見れば、相手は格上ばかりでしたが、自信を失った状態で臨めばきっと同じ結果になるだけでしょう。だから、私は練習や試合で日本チームの強みや準備してきたことを繰り返し伝えるようにしました。実際に強化試合で敗れた後、ロッカールームで別のスポーツの有名なエピソードを紹介したこともあります。

1980年にアメリカ・レークプラシッドで開催された冬季オリンピックの男子アイスホッケーで地元アメリカが金メダルを獲得した「ミラクル・オン・アイス（氷上の奇跡）」です。私のような年代のアメリカ人にはとてもよく知られている話だと思います。

当時はオリンピックへのプロ選手出場が解禁されておらず、アメリカは大学生主体のチームで臨みました。一方、圧倒的な優勝候補だったソ連は「ステート・アマ」と呼ばれる事実上のプロ選手で固めていました。

アメリカはオリンピックの2週間前の練習試合でソ連に3－10で大敗。アイスホッケーでのこの点差は、バスケットボールなら50点差で負けるようなものです。

ところが、実際にオリンピックの決勝ラウンドで対戦すると、アメリカは地元の大歓声を味方にして4－3で勝ち、その後に金メダルも獲得。世紀の番狂わせと呼ばれ、映画にもなりました。

私がこのエピソードを伝えたのは、ワールドカップ直前の強化試合として群馬県太田市のオープンハウスアリーナ太田でニュージーランドと対戦し、75対94で敗れた時のことでした。

様々な選手を試すタイミングでもあり、ベンチから出た選手がリズムをつくってくれた時間帯もありましたが、大事な時にミスが出て、私たちが目指すプレーはできませんでした。ニュージーランドとはこの時が2連戦の2試合目。1試合目に負けた相手は強いエネルギーを出してきましたが、私たちは大事にしてきた「ヒット・ファースト」ができませんでした。

たとえ、ある試合で勝っても次は同じ相手に負けることがある。その逆も然りです。スポーツでは本当に何が起こるかわかりません。私は日本の若い選手たちが「ミラクル・オン・アイス」のことを知っているとは思っていませんでしたが、当時のアメリカの選手たちが自分たちの力を心の底から信じていたように、強い相手に向かっていってほしいというメッセージでした。

全員が「オプション・ワン」

ワールドカップから約半年後に、ドイツを初優勝に導いたゴードン・ハーバート・ヘッドコーチとイベントで対談する機会がありました。

彼は12人のベンチ入りメンバーを選ぶ際、『12番目』や『11番目』になる選手は実際には試合にほとんど出ないのだから、事前にそのことを伝えて納得してもらったうえで参加してもらう」という趣旨の話をしていました。選手のプライドを踏まえての配慮なのかもしれませんが、私は全くそう思いません。

私のチームづくりは「どんなスタイルのバスケットボールをしたいか」が出発点であり、そのスタイルに合った選手を起用していきます。12人の選考基準はあくまでガードやシューター、ゴール下などのポジション別に先発、2番手と考えます。

確かに試合によっては出場がなかったり、とても短かったりする選手は実際に存在しますが、私はいつも全員を出場させたいと考えています。例えば、東京オリンピックの女子日本代表は75対90で敗れたアメリカとの決勝戦で12人全員が出場したばかりか、全員が得点をしています。

ボールも人もよく動き、流れの中からシュートを狙うことこそバスケットボールの魅力です。誰が出ても活躍できるチームを常に目指していますし、その力がある選手だけがベンチに入っていると思っています。

東京オリンピックの女子全員が大舞台で結果を残せた理由の1つは、私が大事にしている「全員がオプション・ワン」という考え方が浸透していたからです。「攻守で常

に自分が第一の選択肢になるような意識を持って、全員が相手の脅威になってほしい」という意味です。

チームに特定のスーパースターがいる場合、その選手が安定して点を稼いでくれるメリットがある半面、相手にとっては守りやすい存在にもなります。

特に男子は千葉ジェッツでの富樫選手や宇都宮ブレックスの比江島選手、横浜ビー・コルセアーズの河村選手といった例外を除き、Bリーグの大半のチームで外国籍の選手が得点源＝オプション・ワンになっているのが実態です。シーソーゲームの終盤には彼らにボールが託され、他の4人はなるべく邪魔にならないようにコートの端に立ち、1対1の状況からシュートを狙うシーンをよく見ると思います。

シュートを成功できる確率が最も高いプレーを選択するのがバスケットボールの常識ですし、ヘッドコーチは勝つために最善の選択をするので仕方ありませんが、残念ながら日本人選手はその大事な場面になかなか関わることができません。

そうした環境に慣れているからか、日本代表合宿の序盤は特に選手たちのプレーが積極的でないことがありました。

私たちが目指すバスケットの基本は「スペース&ペース」という、コート上のスペースを広く使いながら、速いペースで人もボールも動くというイメージです。対戦相手もそれをわかっているので、わざとペースを落とそうとしてきます。

それに合わせることなく、どれだけしつこく走って相手に重圧をかけ続けられるかが大切なので、私は何度もその点を強調してきました。もし、コート上の1人でも「他の選手がやるだろう」などと思っていては、このスタイルを40分間貫き通すことはできません。

ワールドカップで日本が勝利した3試合では河村選手や富永選手、比江島選手ら大活躍する選手が毎回違いました。彼らは日頃からオプション・ワンの意識が高かった選手たちでもあり、誰かが不調でも別の誰かは必ず「ホットな」(当たっている)状態になるという私の期待に応えてくれたのです。

スター選手も特別扱いしない

ワールドカップには1次リーグで日本と同組になり、その後に優勝したドイツチームの司令塔デニス・シュルーダー（NBAブルックリン・ネッツ）や、隣の組で同じ沖縄アリーナで試合をしたスロベニアのルカ・ドンチッチ（NBAダラス・マーベリックス）らスーパースターも多く参加していました。

彼らは世界最高峰のNBAで長いシーズンを戦い抜き、次のシーズンに向けた休養期間でもある夏場を母国のために捧げています。記者会見で質問を受けるたび、両選手は「チームのために戦えて光栄」とさも当然といった表情で答えていました。とても素晴らしい考えです。

私たちのチームでいえば渡邊選手がまさにそういった存在でした。長年、NBAで厳しい競争を勝ち抜いてきた実力だけでなく、その姿勢は間違いなく周囲に好影響を与えるものです。

渡邊選手は10代から日本代表で活躍した一方、2016年リオデジャネイロオリンピックの世界最終予選、2019年の中国でのワールドカップ、2021年東京オリンピックのすべてでコートに立ち、全敗を経験しています。

これまでにも紹介した通り、特に東京オリンピックを3戦全敗で終えた最後のアルゼンチン戦の時、日本チームがロッカールームに引き揚げた後も彼はベンチに残り、頭にタオルをかぶって泣いていました。

男子代表のヘッドコーチになる時、そんな渡邊選手の熱い気持ちを思い出し、

「パリ出場を逃したら、代表を引退する」と公言し、チームに参加した渡邊雄太選手
写真：ロイター＝共同通信

ぜひ一緒にバスケットをしたいと思いました。

ＮＢＡ選手はワールドカップやオリンピックのような国際大会の場合、開幕の28日前からしか代表チームに合流できません。私がヘッドコーチに就任した後、渡邊選手が初めてチームに加わってくれたのは22年夏のアジアカップでしたが、思った通りとても責任感が強い選手でした。

ワールドカップ前の合宿でも参加した初日からチームを引っ張ってくれましたし、「もしパリオリンピックに出場できなかったら、代表を引退する」と公言していたように、他選手以上に大きなものを背負っていたと思います。

ただ、だからといって、彼に対して「あなたはエースだから、毎試合20点取ってほしい」などと求めたことは一度もありません。強いチームをつくるために全員がオプション・ワンであってほしいですが、1人に責任を負わせるようなことはしたくないからです。

八村塁選手（ＮＢＡロサンゼルス・レイカーズ）がＮＢＡのシーズンやコンディションを考慮してワールドカップを欠場すると発表した際にも、私は「一緒に戦えないことは非常に残念ですが、現在の代表候補選手に大きな期待を抱いています」とコメントを出しました。

私は八村選手がパリオリンピックの代表チームに加入してくれたらうれしいと思っていますし、この春にはアメリカに渡ってＮＢＡシーズン中の本人と面会もしました。今後もできる限りのことをするつもりです。どんな形になっても彼の判断は常に尊重します。

オリンピックやワールドカップの試合を見た方から、「トムさんのチームにはとても一体感がありますね」と言われることがあります。

私はチームは生き物だと思っています。毎日が同じように見えて、少しずつ変わっています。もし誰か1人でも気持ちが足りなかったり、いい加減なプレーをしていたりしたら、すぐにおかしくなります。

毎日の練習で選手たちをよく見ていれば、その姿勢のわずかな変化はすぐにわかります。とても厳しい練習をした時に、あえてプレッシャーをかけて選手の反応を見ることもあります。

その時にヘッドダウンするのか、もっとやろうという気持ちを見せてくれるのか。普段は全く熱くならない性格の選手にも声をかけ、リアクションを見ます。気持ちが足りないことはすぐにわかるので、絶対に注意します。「体育館を出ていっていいよ」と怒ったこともあります。

男子代表のヘッドコーチに就任した後、私は東京オリンピックに出場したメンバーに1人ずつ会いに行きました。貴重な経験をし、今も日本トップレベルの実力がある選手たちです。ぜひパリオリンピックに向けた私たちのチームにも参加し、頑張ってほしいと思ったからです。

ところが、その中には日本代表での活動を続ける気持ちが足りない選手がいて、私はとてもショックを受けました。十分に準備をし、大きな期待を受けた自国開催のオリンピックで1勝もできなかったからかもしれません。女子を指導していた時には一度もそういった話を聞いたことがなかったので、驚いたことを覚えています。

代表チームは文字通り、国を代表する選手が集まる場所であり、全員がハングリーであるべきです。選手たちにはチームのために戦う気持ちになることはもちろん、毎日うまくなりたいと思ってほしいし、注意しても「やります」と言える選手を私は指導したい。それが結局はチームのためになります。

どんなスポーツチームでも新しい選手が1人入れば、チームの雰囲気が変わるでしょう。全員がフィットしないと良いチームにはなりません。盆栽が好きな人は1日に何度もその姿を見て、伸びすぎた枝などを少しずつカットして美しく整えますよね。手入れを忘れて変な形になると、直すのは大変です。私は日本に来て盆栽を見るたび、チームづくりと似ているなと思います。

何度でも思い出したい「旅」に

私にとって体育館やコートは仕事場であり、そこを離れれば皆さんと同じような穏やかな人間になります。決していつも「スーパーシリアス」ではありません。選手時代は冗談ばかり言っていましたし、日本代表の合宿中もナショナルトレーニングセンターのレストランで選手たちと一緒に食事を取る時は、ほとんどバスケットボールの話はしません。

男子代表を率いてからはコロナ禍や合宿の短さなどで実現していませんが、サンフラワーズや女子代表の時代は選手たちと外食もしました。パリに向けては、女子代表も2024年2月の世界最終予選を突破し、3大会連続のオリンピック出場を決めました。

東京オリンピックの後も仲良くしている選手は多いので、とてもうれしかったです。お互いに決勝トーナメントが行われるパリの会場まで進み、良い結果を出したいですね。私が男子代表を指導している様子を見た女子選手たちは「トムはすごく優しくなった」と言いますよ。

私がサンフラワーズでアシスタントコーチをしていた時、チームはレギュラーシーズンからほとんど負けることなく連覇を続けていました。ヘッドコーチだった最後のシーズンは全勝優勝でした。Wリーグのプレーオフ決勝に勝つと、うれしいはずなのに「やっと終わった」とほっとした気持ちになりました。優勝して当たり前という重圧があったからですが、今ではそれはあまり良くないことだなと思っています。

1964年の東京オリンピックのバレーボール女子「東洋の魔女」の選手たちは金メダルを獲得した後、あまりに過酷な練習を重ねてきたので「楽しくなかった」と振り返ったそうですね。楽しさが価値のすべてだとは言いませんが、楽しくならないともったいないと思います。

私が少しずつ年齢を重ねてきたこともあるのでしょう。特に東京オリンピックの女子日本代表は準々決勝のベルギー戦で劇的な逆転勝ちをしたり、フランスとの準決勝ではスリーポイントシュートを次々に決めたりして、選手たちは心からその場を楽しんでいると感じました。まばゆいばかりの笑顔を見て「これだ」と思ったのです。

私は「旅」という言葉がとても好きです。5歳でバスケットボールをはじめ、中学生の時からずっとNBA選手を目指してきました。日本での活動を経て、わずか2試合ではありましたが、実際に夢だったNBAの舞台にも立つことができました。その旅は私にとって今もかけがえのないものです。

だから、せっかく厳しい練習をして大きな大会に臨むのなら、選手たちにもその

「旅」をあとから何度でも思い出してもらいたい。そう願いながら、妥協のない指導に当たっています。

あえて直接的な表現を使う

私は日本と30年以上の縁があり、サンフラワーズでコーチを始めた時から通訳を入れずに日本語で指導しています。間に誰かを入れないほうが信頼関係がつくりやすいですし、コミュニケーションの間違いが生まれにくいと思うからです。

より正確に言えば、もし間違いがあってもすぐに修正することができるということです。決して「きれい」ではないかもしれませんが、直接的な表現を使うことでフォローもしやすいのです。

ワールドカップのオーストラリア戦で私が河村選手に対し、「言い訳（はしないで）！」と怒鳴った場面が試合後に何度も放送されました。とても集中していたので、すべてを詳しく覚えてはいませんが、以下のような流れで出た発言でした。

オーストラリアにリードされた第2クオーター前半のことです。この時は各自がエリアを決めて守るゾーンディフェンスを取り入れていたのですが、司令塔の河村選手はチームメートにその指示を出しつつ、自分は1対1で対応するマンツーマンで守っていたのです。

残り約7分の攻撃中、比江島選手がボールをこぼしたところから相手に速攻を許し、レイアップで失点。河村選手はそこでファウルも犯していました。

相手にリードをさらに広げられ、私はタイムアウトを取りました。選手たちがベンチに腰を下ろすやいなや、私は河村選手を指さしながら、大声でまくしたてました。

「細かいこと！　わかってないんだったらダメだよ！　簡単なことじゃないですか！」

守備の基本的な約束事が守られていなかったので、ベンチでそのような檄を飛ばしたところ、河村選手が「わかっている」といった感じの発言をしたので、さらに「それ、言い訳！　最初から（悪かった）」と言ったのです。このやりとりの音声が中継で流れ、見ていた人たちの注目を集めたのでしょう。

「言い訳」は英語で「ノー・エクスキューズ」といいます。アメリカでコーチが選手に「ノー・エクスキューズ」と伝えることはよくあります。それほど強い表現とは受け止められないのですが、たしかに日本語では少しネガティブな表現になります。

注意する際はあらかじめ頭の中で何を言うべきか、何を言ってはいけないかを考えてから口にするようにしていますが、私はこの時の河村選手の表情を見て、すぐに「言いすぎたな」と思いました。だから、試合後、河村選手には「こういう意味だった」と伝え、河村選手も理解してくれています。

こうした場面を含め、私は声をかけた時の選手の反応や態度、ボディランゲージをよく観察するようにしています。毎日の挨拶もとても大切にしています。「空気を読む」という日本語は、あまり良くない意味でも使われるようですが、私は日本語ネイティブではないので、自然と選手をはじめとする話し相手の様子をよく見るようになりました。

専門家の文章を読み、例えば嘘をつく時の目線は下を向きがちだとか、相手が腕を組んで話を聞いている時は警戒心の表れといった、しぐさによるメッセージも考えるようにしています。

あらゆる現場でリーダーは多くの決断を下しています。ただ、**ビジネスの場合はその決断が結果的に正しかったのか、間違っていたのかがすぐにわからないこともあるでしょう。私がスポーツのコーチをしていて好きなことは、勝ったか負けたかという白黒がすぐにはっきりわかることです。**

結果を受けて課題を洗い出し、修正して次戦に臨む。その繰り返しによって選手もチームも成長していきます。選手たちに様々なことを要求し、厳しい練習を課す以上、私もリーダーとしてパッション（熱意）を示さないといけません。

選手たちはコーチが嘘をついていたり、本気でなかったりしたらすぐに見抜くものです。しっかりとコミュニケーションが取れなければ、お互いに尊敬し合うことはできません。

スポーツでもビジネスの場面でも、今の時代のコミュニケーションは「ワンウェイ」（一方通行）ではいけません。私の現役時代はそれでもよかったと思いますが、同じようにはもうできません。選手たちときちんと信頼関係を築くことが何よりも必要です。

現実的な目標を共有する大切さ

大きな大会に向けて始動する時や新しい選手が加わった合宿で、私はいつも目標を設定します。「第1クオーター」でも触れた通り、ワールドカップであれば「アジア1位になってパリオリンピックの出場権を獲得すること」であり、パリオリンピックに向けては「ベスト8に入ってパリで試合をすること」に決めました。

目標は現実的であり、きちんと力を発揮すれば達成できる位置に定めることが大切です。パリに向けてはアメリカに帰国した際に渡邊選手と会い、日本に戻るとキャプテンの富樫選手やスタッフとも相談して固めていきました。

東京オリンピックで3戦全敗だったからといって「パリで1勝」では目標が低いとまず考えました。実際に1次リーグを突破してベスト8に入るには、3試合で2勝が必要になるかもしれません。

この3試合のうち2試合はワールドカップで優勝したドイツと開催国フランスと対

戦することが2024年3月に決まりました。世界最終予選を勝ち上がってくるもう1チームも強豪になるでしょう。さらに大切なことは、この目標を全員が「自分ごと」として共有することです。

私は選手が集まる合宿の最初に目標を全員の前で発表し、順番に「これ、できる?」と聞きます。選手の中には首を縦に振るだけの選手もいますが、それだけでは足りません。きちんと「はい、できます」と声に出してもらいます。

私と一人ひとりとのコミットメントによって、間違いなく一体感が生まれます。みんなが同じ船に乗って、同じ目的地に向かうことがとても重要です。

ワールドカップの前は合宿に新しい選手が参加するたびにこうした意思確認を行いましたし、パリオリンピックに向けて再始動した時にも改めて確認しました。私はワールドカップの後、しばらくは次の目標を口にしませんでした。選手たちに直接伝える前に、メディアから情報が出るべきではないと考えていたからです。こうして全員が同じ目標の下、ブレずに日々を過ごすことができるのです。

東京オリンピック前、女子代表のヘッドコーチに就任した記者会見で、私は「アメリカに勝って金メダルが目標」と宣言しました。アシスタントコーチだったリオデジャネイロオリンピックでベスト8に入ったものの、メディアも選手たちも最初は信じていなかったでしょう。

それでも、私は選手たちに合宿のたびに言い続けました。最初の大きな大会だった2017年アジアカップで世界ランキング2位のオーストラリアに勝って優勝したり、次の2019年のアジアカップでも格上の中国に勝って連覇を伸ばしました。

厳しい戦いを乗り越え、成功体験を重ねることで個人もチームも自信を持ち、より高い目標に挑戦する気持ちが生まれるものです。結果的に選手たちは東京オリンピック前のメディアの取材などの際、真剣に「金メダルが目標」と話すようになっていました。

私は今も東京オリンピックの決勝でアメリカに負けた後のロッカールームの様子が忘れられません。

当時のアメリカはオリンピックで54連勝中。6連覇を達成していた最強チームです。そんな最強の相手に敗れた日本の選手たちが、みんな泣いていたのです。日本バスケットボール界に史上初のメダルをもたらした喜び以上に、勝てなかった悔しさがあふれたのでしょう。それくらい本気で金メダルを信じていたのです。男子代表でも同じように強い気持ちでパリに挑みたいと思います。

日本代表には当然ながら優秀な選手ばかりが集まるため、各クラブのエースであっても、競争の末にメンバー入りを逃すことがあります。

私が現役時代にＮＢＡアトランタ・ホークスのトライアウトに参加した時のことです。最初に約50人いた候補者たちが何カ月かのトライアウトを経て次々に減り、５人になりました。多くの試合でアピールを重ね、私を含めて２人が合格しました。最終テストの後、ロッカーに戻って自分の名札があったらパスで、なかったら終わり。ヘッドコーチから直接合否が伝えられるわけではありませんでした。

私はロッカーに名札を見つけ、今思い出しても鳥肌が立つほどうれしかったのですが、残る３人にはトレーナーがアトランタからの飛行機チケットを渡すだけ。すごく冷たいと感じ、コーチになったら私はそういう態度は取りたくないと思いました。

最終的に落選したとはいえ、それまでずっとチームのために全力を尽くしてくれた

選手たちです。敬意を払うのは当然でしょう。私は試合に出られる12人のロスターを決めなくてはいけない合宿の最後では全員と1人ずつ話すようにしています。

メンバー入りを逃した選手たちには「こういう点が足りなかった。私はこんな役割を求めたけど、できなかった」などと具体的に伝え、「あなたは素晴らしい選手だし、これからも見ていきたい」と付け加えることもあります。お互いにとって、とても難しい時間ですが、選手本人やチームのためにもこうしたフィードバックはきちんと行うべきだと思います。

他競技や本から学んだこと

東京オリンピック以降、日本の他競技の監督やコーチらと対談する機会が多くありました。沖縄県浦添市でプロ野球・東京ヤクルトスワローズのキャンプを見学したり、私たちと同じナショナルトレーニングセンターを利用する柔道やレスリングの合宿にお邪魔したこともあります。

個人競技の格闘技はチームスポーツとはまた異なる強いメンタルが必要になるでしょうし、選手とコーチの関係性も異なるので、見ていてとても勉強になります。

2024年にラグビー男子日本代表監督に再就任したエディー・ジョーンズさんは今、「超速ラグビー」を掲げています。世界の強豪と比べて体格やパワーで劣るのは、バスケットもラグビーも似ています。スピードを強みにする点などは共通点もあり、対談ではいつも多くの学びがあります。

サッカー男子日本代表の森保一監督からは「日本人の良さをうまく引き出してチームづくりをしている」といった言葉をかけてもらいました。WBCで世界一に輝いた栗山英樹監督は村上宗隆選手（東京ヤクルトスワローズ）が不調でも起用し続け、村上選手は大事な準決勝でサヨナラヒットを打ちました。

栗山監督は「自分も選手を信じているが、選手自身が自分を信じてほしい」と伝えていたといいます。私も全く同じ考えなので、よく選手たちに「ビリーブ」（信じて）と伝えるのです。選手も監督も全員が「できる」と思わなければ、良いパフォーマンスや結果は生まれません。

「第2クオーター」で『キャプテン・クラス』という本を紹介しましたが、私は読書が好きです。本から様々な着想や刺激を受け、コーチングに生かしています。最近はオーディオブックを使って耳から聞くことがもっぱらです。

最近のお気に入りは、世界で最も人気のあるコラムニストの1人であるマルコム・グラッドウェルの著書です。『ダビデとゴリアテ』は東京オリンピックの前に読みました。羊飼いの少年であるダビデが、巨人ゴリアテを倒す逸話に着想を得た現代のストーリーの数々です。小さき者が、他と違う着眼点を持ち、戦略を練って大きな相手を打ち破っていく。これは世界の中で日本のバスケットボールが置かれた立場と通じるものがあります。

『Outliers』（邦題『天才! 成功する人々の法則』）も素晴らしかった。各分野で類いまれな業績を挙げてきた成功者たちは、実は人とは何か違うものを持っていて、群れからはみ出しているというストーリーです。

『blink』も興味深い1冊です。人がまばたきをする一瞬に下される選択について、脳がどのような働きをしているのかを紹介しています。この本を読んでから、私は直感を信じて、時間を有効に使えるようになりました。私が相手チームを分析する時、最初に感じた印象が、長い時間をかけて映像を分析してつくったレポートの結論とほとんどの場合で一致することを確認できたからです。

NBAのシカゴ・ブルズやロサンゼルス・レイカーズで、マイケル・ジョーダンやコービー・ブライアントといったスーパースターと黄金時代を築いたフィル・ジャクソン氏の『ELEVEN RINGS』も好きです。

バスケットボールとは関係ない物語を読む機会も多いです。戦う人間の心理を考察した『The Inner Game of Tennis』、権力者らの人生から48の本質的な法則をまとめた『The 48 Laws of Power』、悪習を絶ち切り日々の小さな習慣を積み重ねることが目標に導くという『Atomic Habits』といった自己啓発本も好んで読みます。

こうした本は自分自身への信頼感を高め、より良くしていくことにつながります。『孫子の兵法』も、相手を知ることよりまず自分を知ることの大切さを説いています。いずれは剣豪・宮本武蔵の本も読んでみたいと思っています。

本からは歴史を学び、本質的な教訓を得ることもできます。第2次世界大戦後に日本が立ち上がるストーリーや、当時の日本人の精神性について学ぶことは、日本代表のヘッドコーチを務めるうえでも参考になっています。

当時の日本人の奥底に秘められていたという闘争心は、私がバスケットボールを指導している時も選手たちから感じることができます。時代は変わっても変わらないDNAがあることを知っておくことは、コーチとしても重要だと思っています。

私はコーチングがうまくなりたいと常に願っています。そして、明日は今日よりうまくなりたいと思っている選手たちを探しています。そのために私たちは毎日練習したり、勉強したり、別のコーチのやり方を学んだり、本を読んだりするわけです。

チームづくりで最も大切なのはそういった向上心です。これはビジネスパーソンにとっても同じでしょう。仕事ができるようになりたい。上手にマネジメントできるようになりたい。もっと家族に優しくなりたい。そういう気持ちを持つことが出発点になります。

大変な日もあるでしょう。ただ、たとえそういう日でも、寝る前に鏡を見て、今日はうまくなったか、昨日より成長したかと自分に問いかけることがいいと思います。

ほんのわずかでも、強くなった、うまくなった、速くなった、成長したと思えたら最高です。いいチームをつくることやいい会社をつくること、いい家庭をつくることには間違いなく共通項があるのです。

column

トム・ホーバスを語る

3

馬瓜エブリン〔東京オリンピック銀メダリスト／デンソーアイリス〕

私にとって戦友であり、親父 目標を「信じさせる力」に驚嘆

トムさんは私のことを「エブリンは娘」とよく話してくれますが、私にとってもトムさんは戦友であり、親父のような存在です。多くの時間を共有し、たくさんのことを話してきたおかげで、今の自分があると思っています。

最初に会ったのは20歳の頃。２０１６年のリオデジャネイロオリンピックを目指す日本代表の合宿に初めて参加した時でした。トムさんは内海知秀ヘッドコーチを補佐するアシスタントコーチで、一歩引いた立場から選手たちのことを見てくれていました。

当時の私は実力も経験もまだ足りない選手だったこともあり、結果的にリオデジャネイロオリンピックには出られませんでしたが、合宿中はトムさんがいろいろと気にかけてくれた記憶があります。最初はというと語弊があるけれど（笑）、とても優しく教えてくれました。

私はシーズンオフには渡米して現地観戦するほどＮＢＡが大好きで、同じくＮＢＡを

写真提供：ワタナベエンターテインメント

column

馬瓜エブリン選手

私にとって戦友であり、親父
目標を「信じさせる力」に驚嘆

よく見ているトムさんとは代表合宿中に「あの試合見た？」という会話で盛り上がっていました。

女子の日本代表でトムさんとそんな話をできるのはおそらく私だけ。そうしたこともあって、私は他の選手と比べても日頃からいい意味で目をつけられていたと思います（笑）。

コート上の5人全員がスリーポイントシュートのラインの外側に出る「5アウト」や、データや得点効率を重視して誰もがスリーポイントシュートを狙うトムさんのアナリティック・バスケットボールは、NBAの強豪ゴールデンステート・ウォリアーズのスタイルと似ています。

私はスリーポイントシュートの記録を次々に更新し、NBAに革命をもたらしたウォリアーズのステフィン・カリー選手がスターになる前から大ファンだったこともあり、トムさんが取り入れたこうした戦術への理解が早かったと思います。

私のポジションはゴールに近いエリアでプレーすることが多いとされるパワーフォワードです。トムさんと出会うまではスリーポイントシュートは全く頭になかったのですが、得意としているゴールへ切り込むドライブを生かすためにも打ってほしいと言われて猛練習しました。

ボールを受けてからシュートまでの動きが硬くて「ロボットみたい」と言われ、「もっとダンスみたいにバスケやってよ」と2人で話をしながらシュートを打ったことが懐かしいです。時間はかかりましたが、Wリーグの2023－24年シーズンのスリーポイント成功率は（一流選手の証しとされる）40％を超え、プレーオフのファイナルでは45％になりました。

ヘッドコーチとしてのトムさんは特に短期間でチームをつくることに長けていると感じます。例えば、長いシーズンを戦って優勝を目指すチームを率いる場合、練習で多少うまくいかない場面があっても目をつぶることがあるかもしれませんが、トムさんは練習中に自信がなさそうにプレーしている選手をすぐに指摘するなど、細かい点まで見逃しません。

各選手に役割をしっかり伝えて遂行させ、小さなことまで全員に共通認識を持たせます。オンとオフの切り替えもうまく、最終的に目標やチームの戦い方を全員に信じさせる力には本当に驚かされます。

2023年夏の男子ワールドカップはテレビの解説の仕事のため、会場の沖縄アリーナで試合を見ていました。それまでも少しずつ変化の兆しがあったとはいえ、男子が世界と戦うことはいろいろな意味で大変だったと思います。あそこまでチームが劇的に変わり、接戦を勝ち切れたことは心からすごいなと感じました。

私自身も東京オリンピックに向けた女子日本代表時代にトムさんに何度も声をかけて

column

馬瓜エブリン選手

私にとって戦友であり、親父
目標を「信じさせる力」に驚嘆

もらい、自分の進むべき道を示してもらいました。

「エブリンはどこまで行きたいの？」。そう話しかけられたのは、２０１８年にスペインで開催されたワールドカップでのことです。チームとしてはベスト８決定戦に敗れ、目標のメダルを逃してしまいましたが、私にとっては初めての世界大会で先発も経験した転機となる大会でした。

トムさんは選手たちの可能性を信じているから高い要求をし、時に厳しい口調で選手たちを指導します。ワールドカップでの私のプレーを見て、世界の強豪相手でも次回はもっと良いプレーをすることを期待してくれたのでしょう。「できると思うよ」とはっきり言ってくれたことはとても印象深く、自信になりました。

２０１９年になって東京オリンピックを目指す合宿が厳しさを増し、競争も激化する中、なかなか調子が上がらない私が心身ともに追い詰められていた時に救ってくれたのもトムさんの声かけでした。

国際大会前の合宿で、私は12人がメンバー入りできるチームの13番目あたりの立ち位置でした。「もうこれ以上は無理かもしれない」。弱気になり、自分の気持ちをトムさんに伝えに行こうと思っていた最終日のことです。

私の心の揺れを察知したのだと思います。トムさんが私のところに来てくれて「あなたがやる気ならメンバーに入れたいし、やらないなら落とす」とはっきり告げられました。それほどまでに私のことを信じてくれているのならと迷いが吹っ切れ、頑張ることができました。

「本当に最初から最後まで」や「自分の力を信じてよ」というトムさんの口癖は試合に臨むうえで、今もとても大切にしている言葉です。特に大事な試合の競り合いの場面などでは迷いが生まれることも多いですが、最終的には「自分を信じてプレーしていこう」と思え、良いパフォーマンスにつながります。

今は別のチームになりましたが、同じ体育館でトムさんが元気に熱い指導をしているところを見ると、自分もこれまでの歩みを思い出し、頑張らなきゃと背中を押された気持ちになります。

女子日本代表は東京オリンピックを超える金メダルを目指し、男子は1次リーグを突破してパリでの決勝トーナメントに出ることを目標にしています。男女同時にパリで試合ができたら、私もすごく心強いです。

Profile

まうり・えぶりん◉1995年生まれ。ガーナ出身の両親の下、愛知県で育ち、桜花学園高校時代に高校3冠を達成。Wリーグのアイシンに入団し、トヨタ自動車時代にリーグ2連覇、現所属のデンソーでは皇后杯初優勝を果たした。日本代表では2021年東京オリンピックで銀メダルを獲得。

第4クオーター　逆境をどうはね返すか

「高いハードル」をチームの力で越えていく

The fourth quarter

ここまでの章では、私のコーチとしての哲学やチームづくりにおいて大切にしてきたことなどをお話ししてきました。その中で、コーチは学び続けなければならない、そして選手たちやチームも日々、成長をしていかなければならないということを強調しました。

現在、私が指揮を執る男子日本代表チームは、最初から順風が吹いていたわけではなく、多くの困難があり、それを時間をかけて粘り強く乗り越えていくことで、少しずつ進化してきました。もちろん、まだまだ道半ばで、パリオリンピックやその先を見据えながら歩みを進めていくわけですが、ここまでの過程で成果を手にすることができたのは、やはり2023年のワールドカップが大きかったと思います。

このワールドカップで日本代表は史上最高の3勝を挙げるという素晴らしい成績を残すことはできたものの、いずれの勝利も簡単ではなく、薄氷を踏む思いで成し遂げられたものでした。バスケットボールの試合は生き物のようなものですし、1試合の中でも山と谷があり、流れは行ったり来たりします。

世界各地の予選を勝ち抜き、この最高峰の舞台に出場してきた相手に、私たち日本代表は勝った試合においても、負けた試合においても苦戦を強いられました。ですが、そこまでの過程で培ってきたものを生かしながら、粘り強く戦い続けました。だからこそ、逆境に追いやられても戦い抜くことができ、そして感動的な勝利を挙げることができたわけです。

この章では、ワールドカップでの激闘の裏側で、私と日本代表チームがどのような苦悩や心の動きを感じながら戦い続けていたのかを紹介します。バスケットボールファンの皆さんにも、あるいはそうでない方々にも、厳しい世界大会での戦いぶりから何かを感じ取ってもらえたら幸いです。

最も頭を悩ませた選手選考

まずは何といっても、初戦のドイツ戦です。国際大会は試合数が少ないため、1戦、1戦が通常とは比べ物にならないほどの重みを持ちます。中でも初戦は大会でのチームの行方を大きく左右するもので、ワールドカップのように予選ラウンドを勝ち抜いたチームが決勝ラウンドに進む方式だと、初戦で敗れてしまうとその後が非常に苦しくなってしまいます。

大会の約4カ月前に予選ラウンドの組み合わせと試合日程がわかった段階から、私たち日本代表も当然、初戦のドイツ戦に照準を定めてきました。

日本代表はドイツ、フィンランド、オーストラリアと同組のグループEに入ったのですが、組み合わせが判明した直後の私の率直な感想は「非常に厳しい組に入ったな」といったものでした。この時点での世界ランキングは日本が36位なのに対して、ドイツが11位、フィンランドが24位、オーストラリアは3位といずれも格上です。グループは8あり、ほとんどの組には比較的ランキングが低い相手が入るものですが、グループEにそういったチームはいませんでした。多くの人々が「死の組」と呼んだほどです。

実際、ドイツは2022年のヨーロッパ選手権で銅メダルを獲得。フィンランドも同大会で優勝国となったスペインを倒しかけるなど、躍進しています。オーストラリアは2021年の東京オリンピックで銅メダルを獲得し、このワールドカップでも優勝候補の一角と目されていました。

共同開催国のフィリピンが抽選で優遇を受けた一方、日本はそうではなかったこともあって、私は当初、愚痴をこぼしてしまいました。ですが、それも一瞬のこと。決まってしまったものは変えられませんし、いつまでも後ろ向きな姿勢でいるのは私の信条に反します。自分たちのバスケットボールを信じて、初戦のドイツを倒すことに専心することにしました。

ドイツはポイントガードのデニス・シュルーダー選手（NBAブルックリン・ネッツ）、モーリッツ、フランスのバグナー兄弟（ともにNBAオーランド・マジック）などNBAやヨーロッパの強豪クラブに所属する選手を多く抱えたハイレベルなチームです。

この強い相手との初戦で、私はシューティングガードのポジションの先発として原修太選手（千葉ジェッツ）を起用しました。このことは、周囲を驚かせました。というのも、原選手は私が男子代表の指揮官に就任して最初の代表候補者合宿に招集したくらいで、試合には1度も出たことがなかったからです。

彼は2022−23年シーズンにBリーグのベストファイブとベストディフェンダー賞に輝くなど、目覚ましい成長を遂げていました。それで、ワールドカップ前の代表合宿で私は彼を再度、招集するに至ったのです。そして、最終的に原選手は競争を勝ち抜き、ワールドカップに出場する12人のロスターに残ることとなりました。

実は、彼をロスターに残したのには、少し複雑な理由がありました。

ワールドカップに向けての合宿を6月下旬から始めた私たちでしたが、河村勇輝選手（横浜ビー・コルセアーズ）やジョシュ・ホーキンソン選手（サンロッカーズ渋谷）らが故障を抱えるという問題がありました。大会まで残りわずかの強化試合では渡邉飛勇選手（琉球ゴールデンキングス）が肩を脱臼し、本大会への出場を断念せざるを得なくなりました。また、渡邊雄太選手（メンフィス・グリズリーズ）も同様に強化試合で足首を痛め、一時は大会への出場が危ぶまれるほどでした。出られたとしても出場時間を制限しなければならないかもしれないという状態でした。

もし、パワーフォワードのポジションで起用予定の渡邊雄太選手が出られないとなれば、吉井裕鷹選手（アルバルク東京）が代役となり、スモールフォワードには馬場雄大選手（長崎ヴェルカ）が入ることになります。ただ、スモールフォワードとして馬場選手をバックアップする選手がいません。

日本代表で一番層の厚いポジションはシューティングガードです。ただ、私がずっと重用してきた須田侑太郎選手（名古屋ダイヤモンドドルフィンズ）は、強化試合で本来得意のスリーポイントシュートをなかなか決められなかった。それに、彼はスモールフォワードではプレーができない。そのように、チーム全体を見渡した結果、原選手をロスターに選出するという結論に至ったのです。

正直に言って、このワールドカップでの12人を決める作業ほど、私のコーチ歴で頭を悩ませたものはありませんでした。さらに打ち明ければ、最終的にロスターに入れた選手の1人を、合宿の途中で1度はカットしているのです。渡邉飛勇選手の大会出場が不可能となったことで、その選手を代表に呼び戻すこととなりました。

こうした大変な選考過程をたどりながら、ドイツ戦を迎えました。その背景があって、私は原選手を先発メンバーに起用したのです。先に述べたように、原選手は私の構想に長らく入っていなかった選手でしたし、ワールドカップ前の強化試合でも1試合を除いてすべてベンチからのスタートでした。

これはドイツのスカウティングの裏をかくためのものではないかともいわれましたが、そうではありません。彼の先発起用はもっと現実的な理由からでした。

まず、ポイントガードには富樫勇樹選手（千葉ジェッツ）を先発で起用しました。この時点で、私はまだ河村選手を最初から使いたくなかった。だから、ポイントガードは富樫選手という選択になったのですが、富樫選手はサイズがありませんし、オフェンスが得意ではあるものの、ディフェンスの選手ではありません。

となれば、彼とバックコートでコンビを組むもう1人のガードはディフェンスに優れた選手でなければならない。富永啓生選手（米ネブラスカ大学）も富樫選手と同様、オフェンスの選手なので、彼ではない。その点、原選手はシューターではありませんが、体が非常に強く、Bリーグでベストディフェンダー賞を獲得したほどの選手なので、先発ラインナップに最適でした。

初戦の負けから得た自信

私たちは明らかに下馬評の低い「アンダードッグ」でした。しかし、だからこそ失うものはなく、選手たちの肩にかかるプレッシャーは少し軽くなっていたはずです。また、世界最高の舞台で世界最高のチームと対戦する機会はそう頻繁にはありません。

2021年秋に私が指揮官となってから、男子日本代表は山あり谷あり、ジェットコースターのような道のりを歩んできました。その過程を経てつくり上げたチームで、ワールドカップの初戦に臨むことに私は興奮を覚えました。

しかし、相手のドイツはやはり強かった。試合の序盤から日本の選手たちも気持ちでは負けていなかったと思います。それは私たちの攻撃の肝であるスリーポイントシュートの試投数が前半だけで18本を数えたことにも表れていました。

ただ、そのうち決められたのはわずか3本。また、本来なら相手から多くのターンオーバーを奪いたかったところでしたが、私たちのほうが前半だけで8つものターンオーバーを記録してしまった。さらに、ディフェンスでも日本は位置取りがずれていたり、いくつか指示通りの動きができないなどのミスがありました。このあたりは大会初戦への意気込みが強すぎたことが原因となっていた部分もあったのかと思います。ドイツに主導権を握られ、第1クオーターを終えた時点では12点差、前半終了時には22点差を追う展開に追い込まれました。

気持ちを強くして試合に入った日本でしたが、これだけの差をつけられてしまい、ハーフタイム中のロッカールームの空気はやはり重くなっていました。その中で私は良くなかったところをスタッツを見ながら冷静に指摘し、前半は自分たちがやりたいバスケットボールができていなかったと話しました。

それに、繰り返しになりますが、国際大会の初戦は大変重要で、単なる勝ち負け以上の意味合いがあります。結果として敗れるにしても、何もできないままでそれを受け入れるわけにはいきません。

そこで、私は選手たちに自分たちのプレーを取り戻してもらうべく、新たな目標を伝えました。それは後半だけでも勝とうじゃないか、というものでした。次ラウンドへの進出や、オリンピックへの切符獲得のためには得失点差が重要だという計算も頭の中にありました。

大きく点差をつけられ、自分たちがやるべきこともできていなかったのですが、得失点差のことも踏まえて、あえて選手たちには「このままのプレーでは、22点差は試合が終わる頃には40点差になってしまうぞ」となだめるように伝えました。

前半、日本はどうしようもないほどダメなプレーをしていたわけではありませんでした。ノーマークに近い形でのシュートも数多く打っていました。ただ、それを決めることができていなかった。ならば、良くなかった部分を微調整しながら、自信を持ってシュートを打とう、そして後半だけでもドイツを上回ろうと伝えて、再度コートに送り出したのです。

最終的にはドイツに63対81で敗れましたが、後半だけで見ると日本が32対28で勝つことができました。

後半の得点は日本も32点にとどまり、オフェンスは低調でしたが、ディフェンスで相手を28点に抑え込んだことが大きかった。ドイツは最終的にこのワールドカップで初優勝を果たしますが、81点は彼らが戦った8試合の中では、準々決勝のラトビア戦と並んで最少でした。

敗れはしたものの、試合後の日本代表チームのロッカールームに漂う空気は悪いものではなく、むしろポジティブでした。それは、ドイツに対して後半は勝つことができたことで、私たちがその先も戦っていける手応えを得られたからでした。

また、シュートこそ決まらなかったですが、日本は30本のツーポイントを、そして35本のスリーポイントを打っています。私たちはツーポイントとスリーポイントの割合を大方、五分五分にしたいという目安があるので、この数字を見るだけでもやるべきオフェンスができていたことになります。

ドイツ戦の前日の会見で、私はこう話していました。

「このワールドカップは日本が培ってきたものを試す大会で、どこまでやれば世界と伍して戦えるかを知る機会です。大切なのは選手たちの気持ちです。私たちは勝ちにいきます。簡単にやられてしまうつもりは毛頭ありません」

ドイツは大会前の強化試合でアメリカを相手に一時は16点のリードを築き、最後は敗れたものの99対91と接戦を演じていました。また、別の強化試合では中国を49点差で下しています。そして、このワールドカップでは結果的に頂点にも立ちました。それほどまでの強敵であるドイツを相手に、日本は出だしから臆することなく戦えました。そして、後半の得点では上回ることもできました。そのことで、私たちがどれだけやれるかを示すことはできたと思います。

渡邊選手の特別な存在感

その一方で、渡邊選手は非常に悔しがっていました。彼は試合後の取材で「自分がもっとスリーポイントシュートを決めていれば展開は違っていた。そこに責任を感じる」といったことを話していたそうです。確かに、この試合での彼はシュートの確率は良くなかった。スリーポイントの確率は20%にとどまりました。

長年、日本代表でプレーをし続ける彼は重圧を背負い、敗戦の責を自ら負ったのです。そもそも渡邊選手はワールドカップ前からオリンピックの切符をつかめなければ日本代表から引退すると公言していました。そのような退路を断つ発言は、彼のこの大会にかける並々ならぬ覚悟を示していました。ですから、渡邊選手がドイツ戦後にそのように話したというのは全く彼らしいもので、不思議ではありませんでした。

しかし、彼はあまりに多くを背負いすぎていたとも感じます。いいえ、彼であろうが、他の誰であろうが、日本代表はチームで戦うことこそを是としていますから、1人でチームを背負う必要はありませんし、そうしてほしくもありません。

ドイツ戦での渡邊選手の出来については、私はむしろ素晴らしかったと思っています。なぜなら、彼は10本ものスリーポイントシュートを放ったからです。それは、まさに私たちが彼に望んだことでした。それに彼はさすがにNBAで何年もやっている選手です。コート上で自らを見失うようなことはありませんでした。足首の状態が万全でないにもかかわらず、それでもすべき仕事に徹してくれました。

シュートは確かに入らなかった。ですが、彼は打つことをやめなかった。最悪なのはシュートが入らないために自信を失い、打つことすらしなくなることです。

私は渡邊選手に「10点取ってくれ」「20点取ってくれ」などと求めたことはありません。求めてきたのは「空いたら自信を持って打ってくれ」です。そして、彼はそれを忠実に実行しました。スリーポイントは入らなかったとはいえ、チームトップの20得点をしています。私はドイツ戦での彼のパフォーマンスに満足でした。

私たちは個人に頼るのではなくチームとして戦うことを強調するとはいえ、渡邊選手はその存在感自体が私たちにとって大きいのです。ですから、たとえシュートが入らなくても相手は彼への警戒を怠りません。

言い換えるなら、彼にはオーラがあるのでしょう。そのオーラは相手の脳裏に刷り込まれています。彼がスリーポイントラインの外でボールを持てば、相手は彼にシュートを打たせないように必ず詰めてきます。そうするとディフェンスは広がり、私たちにとってはドライブインなどリングをアタックする機会がより増えるという効果があります。

もっとも、日本には渡邉選手以外にもスリーポイントシューターがいますし、河村選手のようにドライブで中に切れ込む選手もいます。ただ、渡邊選手がもたらすものは特別で、数字以上に存在感とオーラでチームを引っ張り、相手にとっての脅威となってくれるのです。

日本代表のバスケットボールのスタイルが相手にとっての脅威をつくり出した側面もあります。2022年のアジアカップ予選ラウンドのシリア戦。日本は51・9％というとても高い確率で実に27本ものスリーポイントシュートを決めました。準々決勝のオーストラリア戦でも20本ものスリーポイントをねじ込んでいます。

この頃から「日本は恐ろしいまでにスリーポイントシュートを打つチームだな」という印象が他国の選手の頭に刷り込まれ始めました。

ただ、渡邊選手が敗戦の責任を感じていたことも理解ができます。彼はいつも自身の最高のプレーを見せたいと思う男ですし、それも彼の良さです。ですが、彼1人で背負う必要は全くない。試合後、私は彼にこんなことを伝えたと記憶しています。

「あまり考えすぎるな。私たちはチームなんだ」

チームなのだから、彼だけが活躍しなければならないなどということはありません。ドイツの次のフィンランド戦で渡邊選手は4点しか取れず、出来が良かったとはいえませんでした。それでも私たちは勝った。これは、私たちがいかにチームとして戦っていて、特定の選手に頼った戦い方をしていないかの証左です。

初戦のドイツ戦で、後半だけでもこの強豪に「勝てた」ことは非常に大きかった。同じ敗戦でも、なす術なく負けるのと、諦めずに差を縮めるのとでは雲泥の差がある。私たちはこの後、ワールドカップで3つの勝利を重ねたわけですが、ドイツ戦がその原動力となったのは間違いありません。

「爆発」に驚きはなかった

ドイツ戦から2日後。私たちはフィンランドとの試合に臨みましたが、ワールドカップで初めてヨーロッパのチームを破るなど、日本にとっては大会のハイライトといってもいい試合になりました。最大で18点もの差を挽回しての劇的な勝利は、人々に鮮烈な印象を残したのです。

様々な意味で歴史的な勝利でした。18点差をつけられた日本は、第4クオーターのオフェンスの爆発で大きな波に乗ることができたのですが、その中心は河村選手、富永選手といったチームで最も若い選手たちでした。

とりわけ目立ったのは河村選手の活躍で、次から次へとスリーポイントシュートをねじ込み、かつドライブインからのレイアップやパスで相手を翻弄しました。フィンランドは河村選手こそが止めるべき選手だと見定め、終盤、この172センチのポイントガードにNBAオールスターで213センチのラウリ・マルカネン選手（NBAユタ・ジャズ）をマッチアップさせてきたのには驚きました。

それでも河村選手は臆することなく、マルカネン選手の頭ごしにスリーポイントを決め、またドリブルで彼を抜き去るなど、堂々たるプレーぶりを披露しました。

富永選手も同様です。ドイツ戦では出場時間も限られ、得意のスリーポイントシュートを決められませんでしたが、フィンランド戦では彼も攻撃的な姿勢でシュートを打ち続け、大事な終盤でいくつかをリングに通してみせました。ディフェンスに課題があるとされる彼ですが、守備でも奮闘し、相手の足を止めてくれました。富永選手はこの試合で相手のパスを何度か手に当てていましたし、3つのスティールを記録しています。

ホーキンソン選手の活躍にも触れないわけにはいきません。ビッグマンの少ない日本のために彼には大会を通じて長い時間コートに立ち続けてもらいましたが、フィンランド戦も例外ではなく、鬼神のような働きをしてくれました。18点差で敗れたドイツ戦でも、その選手がコートに立っている時のチームの得失点を指す「プラスマイナス」で、主力の中では彼だけがマイナスになっていませんでした。このことはホーキンソン選手がいかに攻守で奮闘していたかを示しています。

フィンランド戦では、第3クオーターの終わりに馬場選手が決めた難しいスリーポイントも大きかった。それによって18点だった差は10点となり、私たちはより「いけるぞ」という気持ちになりました。相手にとっては重圧がかかったことでしょう。

また、私たちのスリーポイントを非常に警戒していたフィンランドに対して、ホーキンソン選手がスクリーンをかけると見せかけ、すぐにリング付近へ飛び込んでレイアップを決めるといったプレーを展開したことも効果的でした。

日本は第4クオーターで35点もの得点を重ねる一方で相手を15点に抑えて、逆転勝利をつかみ取りました。得点は後半では62点、試合全体では98点でした。98点というのは世界大会で日本が記録した最多得点だったと聞きます。

ただし、**私がこの試合のオフェンスの爆発に驚いたかといえば、そうではありません。少なくとも「驚いた」という表現は違います。むしろ、「待っていた」という感じでしょうか。**私は自分が指導をし、選抜した選手たちを信じているということは、繰り返し述べてきました。選手たちに役割を与えながらチームをつくっていく中で、一人ひとりの技量、力量を十分に把握してきました。

ですから、驚きはしなかった。彼らの持っている力を最大限に発揮してくれるのを、待っていたのです。日本は強化試合でフランスやスロベニアと試合をしましたし、ワールドカップに入ってからも、初戦でドイツと戦いました。世界的な強豪と対峙する経験を積んでいたのです。あとは私たちの攻撃が当たり始めるのを待つばかりだった。そして、その瞬間がこのフィンランド戦の終盤、ついに訪れたということにほかなりません。

私たちのチームはスリーポイントシュートを多用し、それをどのポジションの選手でも打てる、独特なチームだということをお話ししてきました。私としては、スリーポイントの確率さえ上がれば、どのチームとも伍して戦えると思っていましたし、だからこそ選手のシュートが当たり始めることを待っていたのです。

それは何も、河村選手や富永選手である必要はなかった。ほかにもシュートに長ける選手はいくらでもいるからです。フィンランド戦では合わせて８本のスリーポイントを決めた河村選手と富永選手でしたが、順位決定ラウンドのベネズエラ戦では比江島慎選手（宇都宮ブレックス）が次々とスリーポイントを決め、同じように２桁のビハインドからの逆転勝利に貢献してくれました。

若手台頭が示す日本の進化

フィンランド戦の勝利は、ただ勝ったという以上に意義深いものでした。私が目指してきた「チームとして勝つ」ということを体現できた試合だったからです。

どういうことか、もう少し詳しくお話ししましょう。

ワールドカップ前の日本は、八村選手や渡邊選手、富樫選手といったベテランが中核となって国際舞台を戦ってきました。ですが、フィンランド戦では河村選手、富永選手といった若手が躍動してくれました。東京オリンピックを経験した渡邊選手、馬場選手、富樫選手は、それぞれ4得点、5得点、無得点。スリーポイントも3人合わせて1本しか決めていないなど、数字的に目立ったわけではありませんでした。

これまで中核を担ってきたベテランが活躍しなくとも勝てた。これは非常に大きなことでしたし、チームとして戦うという考え方を改めて示すことのできた試合でした。

日本がワールドカップで勝つためには、若手の躍動が必須だと思っていました。

河村選手や富永選手の実力は誰もが認めるところです。しかし、彼らはまだ十分にそれを証明できていたわけではありませんでした。私は多少、彼らの出来が良くなくても我慢をして使ってきました。世界の強豪と試合をする経験を積ませてきたわけです。あとは本当の力量を見せるだけ、シュートを決めるだけでした。フィンランド戦では、2人ともついにそれをやってみせたのです。

それにしても、河村選手とマルカネン選手のマッチアップは痛快でした。なぜフィンランドがマルカネン選手をつけてきたのか、今もってわかりませんが、相手がマルカネン選手をマッチアップさせてきた時、私は河村選手ならやってくれると思いました。彼の速さでマルカネン選手を抜き去ることが必ずできると感じていましたし、実際、見事なパフォーマンスを見せてくれました。

河村選手、富永選手らと比べると、5、6歳年上になりますが、28歳のホーキンソン選手のモンスター級のプレーぶりにも触れないわけにはいきません。

フィンランド戦で37分半もの間、日本のためにプレーをしてくれたホーキンソン選手は、試合中に脱水症状を起こしていたと記者から聞かされました。私自身はそのことを知りませんでしたが、彼もそれを認めていないので、真偽のほどはわかりません。いずれにしても、そこまで限界に近いところで日本代表チームのために戦ってくれました。

アメリカで生まれ育った帰化選手の彼は、日本代表としてこのワールドカップでプレーしたことについて「鳥肌が立った」と話していましたが、彼の献身的な働きについては、私も感謝せずにはいられません。

フィンランドを劇的な形で破り、大半の選手が満面の笑みで喜びを分かち合う中、別の感情を露わにする者がいました。渡邊選手と馬場選手です。試合の終わりを告げるブザーが鳴ると、2人は目から流れ落ちる涙を止めることができませんでした。渡邊選手などは、手を両膝について必死に嗚咽を堪えようとしていたほどです。

彼らは長年、日の丸を背負ってきた選手たちです。しかし、彼らのような優秀な選手がいても世界の壁は厚く、日本は世界大会で白星を挙げることができませんでした。2人は2019年のワールドカップにも、2021年の東京オリンピックにも出場していますが、この2大会で0勝8敗という屈辱を味わいました。渡邊選手にいたっては、米ジョージワシントン大学でプレーをしていた21歳の時にリオデジャネイロオリンピックの世界最終予選にも出場し、やはり全敗を喫しています。

世界の舞台で勝てない本当の苦しみは当事者にしかわからないものかもしれませんが、彼らの涙もまた、フィンランド戦後の印象的な場面の1つでした。試合後の日本のロッカールームは、笑顔と涙が交錯する、何ともいえない特別な雰囲気でした。

日本は世界大会で勝利を手にするどころか、出場すらままならない時期もありました。出たとしても、前のワールドカップや東京オリンピックのように、完膚なきまでに打ち負かされる結果に終わっていました。

それだけに、フィンランド戦の1勝は日本にとってあまりに大きな1歩となったのです。**自分たちにもできるのだということが証明され、自信につながりました。この国のスタンダードが上がったのです。**

ただし、喜びに浸るのは一瞬だけです。大会が始まってまだ2試合を終えたばかり。私たちにはまだ次が控えており、気を緩めるわけにはいきませんでした。ましてや、次の相手は当時世界3位のオーストラリア。ワールドカップ・アジア地区予選では歯が立たなかった相手に、今度こそやり返すという思いがありました。そもそも、この大会でアジア勢トップになり、パリへの切符をつかみ取るという目標もまだ達成できたわけではありませんでした。

もっとも、そのことをことさら選手たちに強調する必要はありませんでした。アジア勢1位という目標は、それまで口を酸っぱくして言ってきたことですし、選手たちは皆、プロフェッショナルですから、私は彼らを信頼していました。「次の試合も厳しい戦いになるぞ」と改めて言わなくても、彼らはそれを十分理解していたはずですし、あえてモチベーションを上げてやる必要はなかったのです。

集中力を切らさず、次へ

フィンランド戦の歓喜から2日後。日本はオーストラリアに敗れます。ドイツ戦と同様、前半で相手に点差を広げられ、後半挽回する形となりました。ただ、細かい内容を見ると、ドイツ戦以上にやられてしまっています。

ドイツ戦で私たちは、相手の司令塔で1対1の能力の高いシュルーダー選手を中に切り込ませないことに注力していました。オーストラリアにも203センチの長身ポイントガード、ジョシュ・ギディー選手（NBAオクラホマシティ・サンダー）がいて、私たちは彼を止めることができず、サイズのある相手に力負けを喫してしまいました。

オーストラリアはワールドカップ・アジア地区予選やアジアカップでも対戦しますし、Bリーグでプレーする選手もいることで、弱点を含めた日本の特徴をよく把握していました。私たちは彼らに勝つことを信じて試合に入りましたが、結果的には日本にとって非常に厳しいマッチアップとなりました。

前半で大きく差を広げられる展開はドイツ戦と同じでしたから、ハーフタイムにロッカールームで私が選手たちに伝えたことは「私たちはシュートは決めていないが、ノーマークはつくれている。このまま自信を持ってやり続けるんだ」という指示で、初戦とほとんど変わりませんでした。

諦めないのが日本代表のDNAです。ドイツ戦と同様、得失点差を意識する必要がありましたし、もしここで負けて2次ラウンド進出が叶わなくても、私たちにはまだ順位決定ラウンドが残っていました。ハーフタイムでは「まだ試合は続いていくのだし、いい流れをつくって戦い抜くんだ」とも伝えました。果たして、コートに戻った選手たちはより良いプレーを展開し、後半だけならオーストラリアに54対52で勝つことができたのです。

ただ、試合全体を振り返るとやはりオーストラリアは強く、日本は打ち負かされる結果となりました。とりわけリバウンドでは圧倒され、2023−24年シーズンに千葉ジェッツでプレーしたゼイビア・クックス選手には16ものリバウンドを取られ、24得点されてしまいました。

ドイツ戦もこのオーストラリア戦も、前半の点差を後半で挽回したという点では似たような展開になりました。しかし、大会における状況は違います。オーストラリアを破っていれば、私たちはアジア勢トップをほぼ決定づけ、ベスト16入りとなっていました。

それは叶いませんでしたが、私たちにはまだパリオリンピック出場権を獲得するという大目標が残っています。

ですから、オーストラリア戦後のロッカールームで選手たちが落ち込むことはありませんでした。私たちはオーストラリアという世界トップクラスのチームを相手に、試合後半で勝つことができたのです。109失点してしまったのはいただけませんが、こちらもスリーポイントの確率が29・6%にとどまったにもかかわらず、89点を奪うことができました。オーストラリアのような強敵からそれだけ得点できるチームは多くありません。

それは小さな成功かもしれませんが、発展途上のチームにとっては、そういったことを積み重ねていくことこそが大事ですし、自信へとつながっていきます。

選手たちはポジティブさを保ち、目標達成のために何をしなければならないのかを忘れていませんでした。私は他グループのアジア出場国の動向を注視していましたが、彼らの勝敗はこちらでコントロールできるわけではありません。日本は順位決定ラウンドで2つの勝ち星を挙げれば、その時点でパリ行きの切符を手にできるということがわかっていました。選手たちはそれだけに集中していました。

「エゴ」のないキャプテン

私はオーストラリア戦から先発ポイントガードを富樫選手から河村選手に変更して

います。事前の強化試合では河村選手を何度か先発で起用していますが、ワールドカップのような大舞台で彼がどこまでできるかわからなかったため、ドイツ戦、フィンランド戦ではベテランの富樫選手を先発で使いました。

ただ、オーストラリアには203センチのギディー選手がポイントガードのポジションにいて、富樫選手に彼を守らせるわけにはいきませんでした。ディフェンスの面では河村選手のほうが富樫選手よりも強く、フィジカルにプレーができる選手です。

また、私たちがオーストラリアに対して勝つチャンスを増やすためには、より多くのシュートを決められる選手に活躍してもらう必要があると思っていました。そして、河村選手のほうがポイントエリアをアタックして自ら得点したり、相手のディフェンスを収縮させて味方のノーマークをつくり出せると考えたのです。

また、彼を起用することでバランスがもたらされることも考慮しました。ドイツ戦のところでも記しましたが、富樫選手が先発だともう1人のガードはディフェンスの良い選手でなければならない。これに対し、河村選手の場合は、比江島選手や富永選手という得点源が使えます。

オーストラリア戦以降、河村選手を先発ポイントガードとして起用した背景には、以上のような理由がありました。

富樫選手には直接、河村選手の起用のことを包み隠さず話しました。「河村にリングをアタックしてもらわなければならない」と。富樫選手はなんら不満そうな顔はせず、全面的に納得してくれて、「コーチ、僕に気を使う必要などありませんよ」と言ってくれました。素晴らしい男です。富樫選手は言うまでもなく、日本のバスケットボール界きってのスターです。なのに、彼には「自分が、自分が」というエゴがありません。

2024年2月のアジアカップ予選の中国戦でも、こんなことがありました。日本は中国戦を制し、主要国際大会で中国を88年ぶりに破るという快挙を成し遂げました。試合は最後までどちらに転ぶかわからない接戦でした。私は第4クオーターの半ばにベンチで待機していた富樫選手をコートに戻すつもりでいたのですが、河村選手がスリーポイントを決めたことで交代をせずにそのまま河村選手を残しました。

試合後、私はやはり富樫選手と話をしました。彼の反応はやはり「問題ありません。

心配しないでください」でした。私が富樫選手に直接話をしたのは彼が日本代表の中心選手で、キャプテンの役割を担っているからではありません。**どの選手だろうと、私は意図を直接説明し、誤解が生まれないようにしています。**

私が指導した日本代表の選手たちはいずれもエゴを持たず、チームのためにプレーをする姿勢を備えています。私が男子代表のヘッドコーチとなってからずっと先発として使ってきたにもかかわらず、ワールドカップ本番では出場時間を減らさざるを得なかった富樫選手にはかわいそうなことをしてしまったという気持ちもあります。ですが、富樫選手や他の選手たちも起用法などについての不満を口に出さず、チームのために仕事をしてくれました。そのことは非常にありがたいと思っています。

苦しみ抜いて大逆転を実現

そして迎えた順位決定ラウンドの初戦。私たちはベネズエラと対戦したのですが、結論から言うと、この試合は苦しみ抜きました。

逆転で勝ちを得たという点ではフィンランド戦と似ています。しかし、ベネズエラ戦では大半の選手のシュートに当たりがなかなか来ず、最大15点差を追う形となって、その差を縮める手立てに窮していたのです。

その中で、日本代表を救ってくれたのが比江島選手でした。他の選手たちがシュートを決めるのに苦労する一方で、彼だけが「普通に」打てていました。ただし、その比江島も第3クオーターの半ばまでで4つのファールを取られてしまっていました。

しかし、彼をベンチに下げておく余裕はありませんでした。第4クオーターに入る前、私はコーリー・ゲインズ・アソシエイトヘッドコーチと、佐々宜央・アシスタントコーチ（宇都宮ブレックス・ヘッドコーチ）に比江島選手をどうするか相談しました。そして、到達した結論は「彼だけが唯一、シュートを決めているのだから、最終クオーターも最初から使おう」というものでした。

彼の起用はギャンブルでした。私は最終クオーターまでに4つのファールを重ねてしまっている選手を最初から使ったことはありません。結果的にこの判断は正しく、比江島選手は7本放ったスリーポイントのうち6本を決めるなど、日本の逆転勝利の立役者となってくれました。

試合後、日本代表を救ってくれた比江島選手を仲間たちが大いに称えました。渡邊選手などは比江島選手と代表で長く一緒にプレーしてきた間柄ですが、彼の能力を非常に高く評価していて、このベネズエラ戦での彼のパフォーマンスは「いつも通りで、やっと本来の比江島慎が出た。彼が力を出せば世界の誰が相手でもやれる」と興奮気味に話していましたね。

私も比江島選手は特別な選手だと思ってきました。彼は相手ディフェンダーがフィジカルな選手だとドリブルが崩れてしまったりするという課題はありますが、リングへ向かっていくプレーは他の誰とも違う。スピンを入れた動きもできるし、フットワークから何から何までが特殊です。

比江島選手は日頃、年下の選手たちからも「いじられる」キャラクターですが、バスケットボール選手としては経験豊富なベテランで、眼前のことだけでなく、チームや試合の全体を見通せる選手です。ベネズエラ戦でいえば、彼は途中まで日本のシュートが入らず苦しんでいることがよくわかっていました。だからこそ自分がやるんだという強い気持ちでコートに立ち、積極的にシュートを打ち続けました。

そして、その彼のスリーポイントシュートが当たりました。走り込みながらパスを受けて即座に放ったものや、ステップバックからねじ込むなど、難易度の高いシュートも少なくありませんでした。

また、渡邊選手の貢献にも言及しないわけにはいきません。ベネズエラ戦では、スリーポイントやドリブルなどの技術に長ける彼がアウトサイドでコートを駆け巡り、相手のディフェンスを徐々に広げていきました。それにより、攻めるスペースが生まれ、比江島選手がシュートを打つ機会につながったのです。

比江島選手にはこのワールドカップで、もっとスリーポイントを打ってほしかった。彼はBリーグでも40%以上の確率を誇る優れたシューターなのですから。いつもベネズエラ戦のようにやってもらえたらいいのですけどね。

渡邊選手らは比江島選手の力を知っていた。これくらいできて当然だと言いました。ただ、私は彼らほど比江島選手との付き合いが長いわけではありませんでした。私が

ワールドカップ・ベネズエラ戦でチームを
救った比江島慎選手　　　写真：共同通信

男子代表のヘッドコーチとなってから、比江島選手は自分の実力を十分に見せていませんでした。

私も比江島選手がもっとできる選手だとは思っていました。彼が日本代表で長らく活躍してきたことも、もちろん知っていました。ですが、**私が彼を指導しているのは「今」です。彼には常々「過去に何をしてきたかは関係ない。君が今、できることを証明してくれ」と言ってきました。**すると、比江島選手は徐々に力を発揮し、ワールドカップ前からチームで最も安定して得点をもたらしてくれる選手の1人となってくれました。

渡邊選手や馬場選手が比江島選手の力量を信じていたのに、肝心の比江島選手自身が自分の力を信じ切れていなかったところがあった。自分がどれほどチームにインパクトをもたらせるかがわかっていなかった。彼らしいといえば彼らしいですが、私が発破をかけ続けて、徐々に自己主張ができるようになっていったのです。

1つ前のオーストラリア戦で、彼は2得点しかできず、良くないプレーもいくつかありました。それでも萎縮することなく、ベネズエラ戦では堂々たるパフォーマンスを見せてくれました。これは彼の成長を物語っています。

「魔の時間帯」をどう乗り切ったか

そして、私たち日本代表は最後の大一番、カボベルデ戦を迎えます。この試合に勝てば3勝目となり、他国の結果に関わりなく、その時点でアジア勢トップ、つまりパリオリンピック行きが決定します。

この試合は、それまでの4試合とは真逆といえる内容となりました。第1クオーターこそロースコアの互角の展開でしたが、第2クオーターになるとホーキンソン選手、河村選手、富永選手らの得点で徐々に差を広げ、前半終了時には13点のリードを築きました。後半に入っても日本は好調で、その差を最大20点にまで広げたのです。

ところが、ここから突如として「魔の時間」が訪れます。第3クオーター残り2分を切ったところから日本はシュートが決まらなくなり、相手にボールを奪われるターンオーバーを連発し始めたのです。第4クオーターの残り3分を切るまで、実に9分もの間、得点ができませんでした。

その間、カボベルデに次々と得点を許し、点差は縮まる一方。私は第4クオーターの初めにタイムアウトを取り、コートに出ずっぱりだった渡邊選手とホーキンソン選手に「もう2、3分、なんとかがんばってくれ。そうしたらベンチに下げるから」と伝えました。しかし、点差がなくなる中で、結局、彼らを下げることはできませんでした。

明らかに、精神的な面が原因でした。なにしろ、このワールドカップでは初戦のドイツ戦から常に後半に挽回するという展開が続いていました。ところが、この試合では日本のほうが前半から主導権を握り、点差を広げたために、タガが緩んでしまったのです。

カボベルデ戦における「魔の時間」のチームの出来は間違いなく、このワールドカップの中で最悪でした。私の求める戦い方ができていませんでした。私の哲学は「もし20点リードしたら、その差を30点にしろ」です。ところが、私たちはそれができず、相手に点差を詰められて、動きがどんどん固くなるという悪循環に陥ってしまいました。

第4クオーター初めのタイムアウトで、私は怒り心頭でした。選手たちが積極性を失っていたからです。そして、試合の残り時間3分半強の場面。日本のリードが6点となったところで、2度目のタイムアウトを取りました。**この時の選手たちへの声かけは、怒りの口調ではなく、「聞いてくれ。自分たちの仕事をしよう」とほとんど説き伏せるようなものでした。**

2度目のタイムアウトで声を荒らげなかったのは、ここで厳しい言い方をしても逆効果だと思ったからです。選手たちも自分たちがどういう状況に置かれているかはわかっています。タイムアウトを取ることで体を休め、頭をクリアにして、冷静に残りの時間を戦い切ることが大事だと考えました。

バスケットボールの試合には流れがあります。一方のチームが波に乗ってしまうと、相手はそれを止めるのが難しくなります。そうなった時の指示の仕方もまた、とても難しい。フィンランドとの試合では、終盤に私たちのほうが波に乗りました。フィンランドはカボベルデ戦での日本と同様に逃げ切ることの難しさを感じていたはずです。

私はタイムアウトをあまり取るタイプのコーチではありません。タイムアウトを取ることで流れを止めたくないことなどがその理由で、1試合で5回取れるタイムアウトを使い切らないこともしばしばあります。このワールドカップでは渡邊選手やホーキンソン選手といった出場時間の長い選手たちを休ませる目的でタイムアウトを取ることがありました。カボベルデ戦の終盤のタイムアウトも、まさに2人を休ませる意図がありました。

それにしても、なんという試合だったのでしょう。当初の思惑通りに大量リードを奪いながら、危うく逆転されそうなところまで追い込まれるとは、想像もしていませんでした。

カポベルデ戦の展開は、私のペンシルベニア州立大学時代のある試合を思い起こさせました。2年生の時でした。私たちは当時全米1位だったテンプル大学を相手に善戦。しかし、残り1分半で9点のリードをしていながら、それを守り切れずに延長で破れてしまった。カポベルデに追い上げられる中で、その試合のことが頭をよぎりました。私の中でその傷はいまだに癒えていなかったのです。

いずれにせよ、このカボベルデ戦からわかったのは、日本にはまだまだ世界の舞台で経験を積んでいく必要があるということです。20点もの点差をつけながら受け身になってしまい、突如として本来の力を出すことができなくなってしまいました。世界の強国ならば、楽に点差を守り切る戦い方ができたでしょう。その点、日本はまだリードをコントロールして守り切るという経験が足りていません。

もちろん、そうした経験を一朝一夕で手にすることなどできません。数多くの試合をこなし、実績を積み上げていくことではじめてできることなのです。その意味では、日本には大きな伸びしろがあるといえるでしょう。

チームの力で大目標を達成

終盤に思わぬ追い上げを受け、緊張を強いられた私たちでしたが、最後の最後には日本らしいプレーでカボベルデに勝利を収めることができました。

残り1分を切って、私たちのリードはわずか3点。ここから河村選手がドライブインで相手のディフェンスを切り崩すと、ゴール下にいた比江島選手へパス。そして、比江島選手がボールをホーキンソン選手に渡し、ホーキンソン選手はファールを受けながらフックシュートを決めました。フリースローを決めて日本は点差を6点に広げました。

そして、最後の攻撃。前から守ってくる相手に渡邊選手がドリブルでリングへ向かって切り込み、吉井選手へパス。すると、吉井選手はドリブルで中央突破を試みます。

カボベルデの選手たちはもう体力を失っていて、足が動きません。吉井選手は左コーナーに待機するホーキンソン選手へボールを預け、ホーキンソン選手は落ち着き払ってスリーポイントシュートを放ちました。

ホーキンソン選手はビッグマンでありながらスリーポイントにも長けていますが、大会を通して彼のシュートはあまり入っていませんでした。それでも私は彼に「打ち続けるんだ」としつこく言い続けました。とりわけ、このカボベルデ戦では相手の220センチの選手とマッチアップしていたので、なおさら外からのシュートを決めることが肝要でした。

不調だったホーキンソン選手のスリーポイントはカボベルデ戦で回復し、4本ものシュートをねじ込んでくれました。その4本目のシュートこそが、最後のコーナーからのものだったのです。ホーキンソン選手はファンから「ホーク」「鷹ちゃん」と呼ばれていたようですが、勝利を決定づけるスリーポイントを決めた彼は両腕を広げた「鷹ポーズ」を見せました。

第3クオーター終盤から全く得点ができず、日本代表という「船」は傾きかけましたが、最後は最も私たちらしいプレーで大会を締めくくることができました。
48年ぶりに、男子日本代表が開催国枠ではなく、自力でオリンピック出場権を手にする瞬間が訪れました。フィンランド戦後に号泣していた渡邊選手や馬場選手を含め、選手、スタッフ全員の顔に満面の笑みが広がり、がっちりと抱き合いながら成し遂げたことを喜びました。

試合後、メディアからは「日本を一段上のレベルに持っていった」と私に対する賛辞をいただきました。しかし、目標を達成したのは選手たちです。私は彼らの手助けをしたにすぎません。

選手の多くは高いレベルの舞台で戦った経験が乏しく、自分たちの実力を過小評価しているところがありました。そんな彼らに私は「自分たちの力量を信じ、個の力ではなくチームで戦うことが大事。それができれば、より大きな力を発揮できる」と説いてきたのです。

渡邊選手もこのワールドカップを通じて、このことに改めて気づかされたはずです。彼は足首に不安を抱えていたこともあって、大会では必ずしも毎試合、ベストなプレーができたわけではありませんでした。しかし、エースと目された渡邊選手の調子が悪くても、日本は勝利を収めることができたのです。渡邊選手はもちろん、日本代表の選手全員が「チームで戦う」ことの意味を身に染みて感じたはずです。

ワールドカップで3勝することができたとはいえ、いずれも胃が痛くなるような、最後まで勝敗がどちらに転んでもおかしくない試合でした。

それでも私たちが目標を達成できた大きな理由の1つは、日本の皆さんの応援を背に戦うことができたことです。スポーツにおいて「ホームコート・アドバンテージ」はよく語られることですが、日本代表チームにとって、ワールドカップでいただいた声援は間違いなく大きな力になりました。

もっとも、「一悶着」もありました。初戦のドイツ戦、日本ベンチの眼前のスタンドを見ると、ぽっかりと誰も座っていない一角があったのです。大会の何カ月も前から日本戦のチケットは売り切れと聞いていたのに、これはどういうことでしょうか。

試合後の会見で、そのことについて触れるつもりはありませんでした。ただ、記者から「今日のアリーナの雰囲気はいかがでしたか」と聞かれたものですから、空いている席があったことを指摘しました。聞けばスポンサー用に確保してあった席だったとのことでしたが、チケットを取れなかったファンもいたということで、言わずにはいられなかったのです。

公式にはドイツ戦は「満席」となっていましたが、あれは満席ではなかった。「雰囲気は最高でした」と言いたかったですが、そうはなりませんでした。渡邊選手も同じように思っていたようで、残念がるコメントをしていましたね。

その後、報道を通じてこのことが問題視され、以降は真の「満席」の状態で試合をすることができました。

フィンランド戦では最大18点差を、ベネズエラ戦では15点差をつけられながら、日本は諦めることなく攻め続け、逆転することができました。私たちは流れに乗ったともいえますが、それを可能にしてくれたのは沖縄アリーナに駆けつけたファンのみなさんのおかげでもあります。カボベルデ戦では反対に、築いたリードをどんどん失うという危機を乗り切って勝利することができました。これもまた、ホームの声援があってこそでした。

バスケットボールにおいて、ファンの存在から得られるエネルギーは、勝敗を左右することとさえある重要な要素だと私は考えています。**ワールドカップが地元で行われ、その中でオリンピック出場権獲得という容易ならざる使命を全うするには、ホームのファンを巻き込み、アリーナを日本の味方にする必要があると思っていました。**

ドイツ戦では空席の件もありましたし、前半で大きな点差をつけられてしまったことで客席からの声援もトーンダウンしがちでしたが、フィンランド戦で劇的な逆転劇を実現した時のアリーナの雰囲気は最高でした。その会場のエネルギーは、残りの試合でも絶対になければならないものでした。

結果的にフィンランド戦の次のオーストラリア戦は敗れてしまいましたが、もし私たちが相手に引き離されずに終盤まで戦っていられたら、ホームの声援を背に勝つチャンスが生まれると考えていました。それほどまでに、私は日本代表にとって声援を味方につけることが大切だと感じていました。

選手たちから贈られた賛辞

カボベルデ戦後、選手たちはパリオリンピック出場という大目標を達成できたのは私の指導のおかげだ、というようなことをメディアに話していたようですね。富樫選手などは「トムさんって、本当にすごいですね」と興奮気味だったと聞きました。

もちろん、そう言ってもらえるのはとてもうれしいことです。何度も述べてきましたが、私は選手たちの背中を厳しく押し続ける指導法ですし、時として非常に厳しいことも言います。それでも、厳しいコーチングがなぜ日本代表のためになるかを根気よく伝え、徐々に結果を出していく中で、選手たちからリスペクトを得られるようになったのかもしれません。

選手たちから尊敬を得て、彼らが目標に到達する一助となれたのは本当に良かった。他のチームのコーチなどから日本がどれほど手強かったか、どれだけ特別なチームだったかと言われることも自信につながりますが、自分の選手たちから感謝してもらえることは指導者冥利に尽きます。

富樫選手から「すごいですね」と言ってもらえたことには、格別な思いもあります。彼には起用法や出場時間などで悔しい思いもさせたのではないかと思います。それでも彼はそれをおくびにも出しませんでした。彼にとって最も大切なのはチームが勝つことにほかならないということを、過ごす時間が長くなるにつれて私にも明確に理解できました。

富樫選手のようにエゴを出さず、チームのことを第一に考えてくれる選手をキャプテンに据えたことは改めて重要なことでした。彼のような選手がチームを引っ張ってくれることで、「日本代表はかくあるべし」というものがより浸透していったと感じています。

これから私たちはパリオリンピックでの戦いに臨みます。世界の12チームのみが出場するこの舞台は、32カ国で争われるワールドカップ以上にレベルの高い大会となります。日本にとって、より厳しい戦いとなることは容易に想像がつきます。

ワールドカップから日本代表の陣容がどれほど変わるかは、本書の執筆段階ではわかりませんが、また新たなチームで臨むことになるとはいえます。

ワールドカップを戦った主力選手の多くは引き続き選抜されるでしょう。パリでどのようなチームをつくるにせよ、厳しいワールドカップを経験した彼らが日本代表のどっしりとした基礎となってくれるはずです。

パリオリンピックは純粋に楽しみです。**ワールドカップまでの成長と大会での激しい戦いで、日本は世界のレベルで戦える自信をつかみ、自分たちのスタンダードを上げました。**２０２４年2月末にはワールドカップ以来の実戦となったアジアカップ予選でグアム、中国と対戦し、連勝。中国からは主要国際大会で88年ぶりの勝利を収めました。

この2試合やそれに先立つ合宿にはワールドカップに出場しなかった選手も集まりましたが、初日から皆、自分の役割をきっちりと把握しながら非常に高いエネルギーを持って練習に励んでくれました。ワールドカップでロスター入りを逃した選手たちも課題を克服し、強い気持ちで臨んでいました。チーム全体の熱量は文句のつけようがありませんでした。

Ｂリーグにおけるプレーの質向上も、日本代表の成長に寄与していることに触れなければなりません。今のＢリーグのゲームは、レベルの高い外国籍選手が増えてきたこともあり、フィジカル面のタフさが顕著に上がっています。例えば、先の中国との試合も、リバウンド争いなどで肉弾戦の様相を呈していましたが、日本の選手たちは負けていませんでした。２、３年前なら、あっさりやられていたかもしれません。

パリで結果を残すには、ワールドカップ以上に激しく、細かいことを徹底しながら戦う必要があります。スタンダードを上げた日本がさらにどこまで成長できるか、私はワクワクした気分です。

高いハードルを越えることの意義

ワールドカップでの激闘で日本の皆さんに歓喜をお届けできたのは、本当によかったと思っています。バスケットボールファンだけでなく、これまでこの競技に関心のなかった人々にも興味を持っていただけたと聞きました。私はバスケットボールをメジャーな競技にすることを目標の1つとしているので、非常に大きな一歩を踏み出せたのではないかと感じています。

ワールドカップでの戦いは、喜んでもらえただけでなく、何らかのメッセージにもなったのではないでしょうか。

その最たるものは「いかなる困難があろうと戦い抜く」ということだと思います。大会前、故障者が続出したことも含めて、日本は万全の体制で決戦に臨めたわけではありません。それどころか、逆風のほうが強かった。越えるべきハードルは多く、しかもその高さは前に進めば進むほど増していきました。

それでも、日本代表は戦うことをやめなかった。戦い続けることを諦めませんでした。1台のハードルを越えると、またすぐに新たなハードルが待ち構えていました。私たちは、その都度、越える術を全力で考え、乗り越えていったのです。

何よりも大切だったのはチームとしての団結でした。私たちは特定の選手に頼って戦ったわけではありません。選手たちが「チームとして戦っている」という意識を強く持っていたからこそ、連続する困難に立ち向かっていくことができたのです。日本にとって重要なのは「自分が」ではなく「私たちが」だったのです。

私が読書好きであることは先述しました。歴史について書かれた本を読むことをとりわけ好んでいます。過去に世界で何が起き、人々はそこから何を学んできたのかを知ることに興味があるからです。

日本に関する本も読んできました。その中で、この国の歴史について理解を深めてきました。日本は第2次世界大戦で敗戦国となったことで多くを失い、国が荒廃しました。そこから国を立て直し、再び先進国の仲間入りを果たした史実には驚きしかありません。

戦後の驚異的な復興は日本人の精神性を表しています。どれだけ困難な状況に置かれても、歯を食いしばって立ち上がる力があるということです。このことは、私が指揮を執った男女日本代表のオリンピックやワールドカップでの戦いぶりでも、いかんなく示されたと思っています。

もしこの本を読んでくださっているあなたがビジネスパーソンならば、良い仕事ができる日もあれば、失敗してしまう日もあることでしょう。良くない時には途方に暮れてしまうこともあるでしょう。しかし、うまくいかなかったからといって、頭を抱え込んでいても何の解決にもなりません。失敗や困難に直面しているのは、あなただけではないのです。多くの人たちが日々、ハードルを越えるべく挑戦を続けています。

うまくいかない時は、こう考えることが大事です。悩んでいるのは自分だけではないのだ、と。そして、同僚やプロジェクトの仲間たちとの絆を深めてください。そうすることで「自分」ではなく「チーム」となるのです。**チームで物事に当たれば、悩みや失敗は共有され、解決の道が見えてきます。そして、より大きな目標を達成できるようになります。**

私たち日本代表がワールドカップでお見せできたことは、まさにそういうことではないでしょうか。

ドイツやオーストラリアという世界屈指の相手と対戦し、序盤から苦戦を強いられながらも、選手たちは諦めずに後半に盛り返した。フィンランドやベネズエラとの試合では大きく点差を広げられながら、不屈の気持ちで逆転してみせた。カボベルデ戦では相手に追い上げられる中、歯を食いしばって耐え、最後は自分たちのバスケットボールを取り戻して勝ち切った――。

実際、選手たちは勝った試合も負けた試合も、個人ではなく「チーム」として戦い続けました。だからこそ、見ていただいた方々に感動を与えられたに違いありません。

日本の選手たちは自分のためというよりも、仲間のために懸命にプレーをしてくれたのです。このことは、読者のみなさんにも声を大にして言いたい。私たちは1人で生きているわけではありません。自分から行動を起こせば誰かが手を差し伸べてくれますし、自分も誰かに手を差し伸べられるようになります。それこそが大事なのです。

男子日本代表はパリオリンピックの切符を獲得しましたが、使命はまだ完了したわけでなく、道半ばです。パリオリンピックで再び、世界の強豪と対峙しなければなりません。パリでは、予選ラウンドを勝ち抜き、決勝ラウンドに進出することを目標に掲げています。これを達成できなければ、せっかくのワールドカップでの成果も霞んでしまいます。そうならないために、今後も私たちは成長を続け、見ている方々の琴線に触れるような戦いを続けていきます。

おわりに

返す返すも、２０２３年夏のワールドカップで私たち男子日本代表チームが成し遂げたこと、それによってファンの皆さんに感動をお届けできたことは、このうえない幸せでした。今回、こうして本の出版の話をいただけたのも、この大会での成功があったからです。

言うまでもなく、ワールドカップでの成果は私だけの功績ではなく、私の厳しい指導に耐えながらやってくれた選手たちや、スタッフ、その他多くの関係者の尽力があってのことです。また、本書で記したように、日本で戦えた私たちに地元の後押しがあったことも、成功の大きな要因となりました。こうしたすべての方々に、改めてお礼を申し上げたく思います。

私たちはこのワールドカップでの目標として、アジア勢1位となってパリオリンピックへの出場権を獲得することを掲げ、達成することができました。世界大会において初めてヨーロッパのチームを破り、ワールドカップで史上最多の3勝を記録することができました。

また、ドイツやオーストラリアといった強豪を相手に試合の後半で追い上げを見せたり、大きな点差を挽回して逆転勝利をつかみ取ったりと、わずか5試合ながら山あり谷ありの「旅」でもありました。そんなワールドカップだったからこそ、見る人たちに何らかのメッセージを届けられたのではないかと感じています。

3年前に男子日本代表ヘッドコーチに就任した私にとって、目標はパリオリンピックの切符をつかみ取ることでした。そして、それを無事に果たすことができました。ただ、その目標と同じくらい全力で日本のバスケットボール文化を変えることにも取り組みました。

男子代表の前に、私は女子日本代表の指揮官として東京オリンピックで銀メダルを獲得しました。この銀メダルの背景にあったのも、女子チームの「変化」です。そして、今度は男子でも変化を成し遂げようとしてきたのです。

変えようとした文化は、自分たちのプレースタイルと実力を「信じること」、個ではなく「チームとして戦うこと」の2つに集約されます。

自分たちを信じて、仲間と一緒に物事に当たれば、たとえそれが困難なハードルでも乗り越えられる。指導を通じて、私が男女の日本代表でやろうとしてきたことは、まさにそれなのです。

バスケットボールはチームスポーツです。世の多くのビジネスパーソンが会社や部署、プロジェクトグループといったチームで仕事をしているのと同じです。

バスケットボールチームも会社のプロジェクトチームも、ただ能力のある人を集めれば、成果が上がるわけではありません。適材適所に人を配置し、集団としてどれだけ力を発揮できる体制を整えられるかが勝負です。

それはバスケットボールのコーチとしての私の哲学の1つにほかなりません。チームというパズルのピースを探し、ピースを鍛え上げて最高の集団をつくり上げる。私もアメリカで会社に勤めながらマネジメントに従事する時期がありましたが、バスケットボールの指揮官と会社の管理職の役割は似ていると感じます。

本書は、バスケットボールファンの皆さんはもちろんのこと、一般のビジネスパーソンの方々にも、ぜひなにがしかのヒントを感じてもらえればという気持ちで執筆しました。皆さんにとって意義のある内容だったと思っていただければ幸いです。

さて、男子日本代表は2024年夏、パリオリンピックに臨みます。繰り返しになりますが、この舞台ではワールドカップ以上の競争が待ち受けています。私はリオ、東京に続く3度目の機会となります。オリンピックは多くの競技に世界中が熱狂する特別な舞台です。オリンピックを経験すると、スポーツの力をより実感できるようになります。

男子日本代表はこれまで世界大会でなかなか結果を出すことができませんでした。しかし、パリオリンピックで私たちが結果を出すことができれば、さらに大きな影響をもたらし、もっと多くの子どもたちがバスケットボール選手に憧れ、この競技がメジャースポーツの仲間入りをすることにつながるかもしれません。

私たちの旅は終わっていません。皆さんにも日本代表チームと日本のバスケットボールを信じていただき、続いていく旅にお付き合いいただきたいと、願わずにはいられません。

２０２４年6月吉日

トム・ホーバス

スーパーチームをつくる!

最短・最速で目標を達成する 組織マネジメント

2024年6月24日 第1版　第1刷発行
2024年8月9日 第1版　第3刷発行

著者　トム・ホーバス
文・構成　永塚和志　野村周平　鱸正人

発行者　中川ヒロミ
発行　株式会社日経 BP
発売　株式会社日経 BP マーケティング
〒105-8308　東京都港区虎ノ門4-3-12
https://bookplus.nikkei.com

デザイン　フロッグキングスタジオ
写真　共同通信
編集　村上広樹
制作　マーリンクレイン
印刷・製本　中央精版印刷

本書籍に関するお問い合わせ、ご連絡は下記にて承ります。
https://nkbp.jp/booksQA

ISBN978-4-296-00198-9　Printed in Japan